U0114420

謹以本書敬獻於

曾經為國家安全

犧牲奉獻的無名英雄們

現代散文 21

看海的日子：寫我海巡弟兄們

黃奕炳 著

博客思出版社

▲ 民國八十二年三月一日參謀總長劉和謙上將親授海巡旗。

海巡部隊徽

海岸巡防司令部軍旗

海巡臂章

中部地區海岸巡防司令部第三指揮部

▲ 海巡部司令王上將在中巡部湯司令陪同下視導三指部移編訓練。

▲ 司令王上將視導三二大隊班哨，身後兵舍是兵工自建庫房。

▲ 海巡部司令王上將在海岸線親考親教，聽取監視哨回報當前海面狀況。

▲國防部總政戰部主任楊亭雲上將慰問基層部隊，詢問新進弟兄適應情況。

▲ 海巡部副司令陳鎮湘中將親臨第一線哨所，瞭解基層官兵勤務與困難。

▲ 中巡部司令湯中將視導勤務訓練中的三指部機動部隊。

▲ 中巡部司令湯中將親臨第一線，指導基層查緝走私偷渡要領。

▲ 中巡部司令湯先智中將關心岸巡部隊生活，親自視導三指部陣營具撥補狀況。

▲ 中巡部新任司令劉元周將軍視導部隊，聽取三一大隊長楊恆忠中校回報相關狀況。

▲ 中巡部副司令商景全將軍親臨
環境複雜海岸，指導查緝走私
偷渡應注意事項。

▲ 中巡部新任司令劉元周將軍視導三
指部班哨，慰勉官兵。

▲ 臺灣省長宋楚瑜先生慰問海巡部隊，親切與官兵話家常。

▲ 中巡部副司令楊耀光將軍，在海岸現地指導執勤要領。

▲ 海巡部隊實施體能訓練：灘岸跑步訓練。
（資料來源：軍聞社）

▲ 海巡部婦聯會主委王司令夫人率團慰問海防班哨，關懷官兵生活情況。

▲ 海巡三指部部隊閱兵式。

10　▲ 海巡三指部擒拿術戰技訓練。

▲ 海巡部隊機車巡邏小
　組執勤要領示範。

▲ 海巡部隊機巡組執勤情況（通常兩車四人）。（資
料來源：軍聞社）

▲ 海巡據點海岸監視哨監視海面動態並實施回報。
（資料來源：軍聞社）

▲ 海巡弟兄對海上可疑目標實施監控，並出槍試
瞄。（資料來源：軍聞社）

▲ 海巡部隊在海灘實施體能戰技訓練：擒拿術訓
練。（資料來源：軍聞社）

▲ 海巡部隊實施實彈射擊輪訓。（資料來源：軍聞社）

▲ 海巡部隊官兵實施灘岸搜索，查緝走私偷渡案件。（資料來源：軍聞社）

▲ 海巡部隊弟兄搜索防風林，查緝走私偷渡等不法事件。（資料來源：軍聞社）

▲ 海巡部隊官兵實施灘岸搜索，查緝走私偷渡案件。（資料來源：軍聞社）

▲ 海巡弟兄在容易走私偷渡和遭敵滲透突擊的區域，種植瓊麻等有刺植物形成阻絕。（資料來源：軍聞社）

▲ 海巡部隊弟兄實施駐地訓練：擒拿術教練。（資料來源：軍聞社）

17

▲ 海巡部隊實施戰技訓練：刺槍術暨搏擊教練。（資料來源：軍聞社）

▲ 民國 113 年（2024）3 月 8 日三指部懷舊之旅，昔日老袍澤偕眷，與通霄苑裡友人在通霄北平餃子館歡聚合影。

▲ 三指部昔日的十二甲班哨舊址，百年燈塔依然聳立，而班哨因功能喪失而裁撤。

指揮官黃奕炳的留言
82年上校
現在已貴為兩星中將
有留此寶星
本人真是榮幸之至

許輔導長：

因晚貴官內務，令人大開眼界，其「爛」令人嘆不

忍睹，且重點人員名冊及安全資料亂放，限令

日晚上前改進完畢，否則將予嚴懲不代思。

明日高級長官蒞臨，貴官如此作為，令人遺憾

指揮官
0407
1655

▲ 民國 82 年黃指揮官督導部隊，敦促許輔導長改進缺失之留言。
（資料來源：許輔導長）

目　次

看
海
的
日
子
：
寫
我
海
巡
弟
兄
們

§ 第四部　海巡周邊有真情　179

爲歷史留下紀錄

　　三十年前海岸巡防司令部第三指揮部指揮官黃奕炳將軍，撰寫《看海的日子：寫我海巡弟兄們》，記載詳實，而且袍澤情深，情真意濃，為歷史留下紀錄，殊為難能可貴。

　　民國八十一年（1992）七月，國防體制發生了重大變革。臺灣警備總司令部走入歷史，改編為臺灣軍管區司令部暨海岸巡防司令部。個人任職的單位，改編為臺中師管區兼中部地區海岸巡防司令部。依照國防部的規劃，原陸軍暨陸戰隊重裝野戰部隊步兵營，將卸除海防任務，回歸戰訓本務。海岸線反走私、反偷渡、反滲透、反突擊等責任，將由納編陸軍、陸戰隊暨憲兵部分兵力新編的海巡部隊接替。編成命令雖於是年八月一日頒布，但納編部隊則延至翌年元月一日集結，開始整訓三個月，四月一日正式接防。

　　本部於民國八十一年八月，接奉即將接替海防任務的命令，責任地境由苗栗竹南的青天泉，以迄嘉義的八掌溪。範圍涵蓋苗栗、臺中、彰化、雲林、嘉義等縣市，海岸線綿亙複雜。納編的部隊，分別來自陸軍二六九師、一一七師暨憲兵部隊，編成第三、四兩個海岸巡防指揮部，共有六個大隊。

　　接獲命令，完成計畫與準備的時間，已經不足半年。個

人深知時間緊迫、接防任務龐雜，懍於責任的重大，乃秉持「凡事豫則立，不豫則廢」的原則，以打帶跑、一天併做三天用的精神，積極展開相關準備工作。我先率領重要幕僚群，深入上述海岸線，遍訪海防據點，蒐整極待解決的問題與困難，苦思克服困境的良方。個人權衡海防任務的特性，認為所有問題中最迫切需要處理的，莫過於指管通情、各級指揮官暨支援部隊機動工具，以及基層基本生活需求等問題。任務接替迫在眉睫，向上反映、申請緩不濟急，遠水救不了近火，唯有在本身能力所及和權限內，獨力解決。

於是，我下達最大的決心，召集了師管部所有幹部暨轄內七個團管區（苗栗縣、臺中縣、臺中市、彰化縣、南投縣、雲林縣、嘉義縣市）的司令，曉以大義，說明管區海巡一體的重要，要求傾全師管區之力，竭力協助海巡部隊的編成與接防。首先，個人指示師管部和所有管區，清出其庫存備份的通信裝備（101V、101F、101P、102P 等）、陣營具（內務櫃、辦公桌、公文櫃、保密櫃等）等，限令完成除鏽、噴漆、整修，務期完善堪用。並抽調載卡多七人座旅行車八輛，架上 101V 臺通信機，改裝為指揮部與各大隊的指揮車；調用師管區和各管區的小旅行車（俗稱小青蛙），作為中隊長以上車巡和主官督導用車；也抽調各單位公發機車，優先支援海巡，後面二者的數量若干，時遠不復記憶。上述所有裝備完成檢整後，適時主動運送到達基層定位，於海巡部隊前推接

替時，即可使用。此外，並賦予海線縣市團管區司令以專責，輔導轄區內的海巡部隊，置重點於情蒐、保防、民事和軍紀安全的支援輔助。這些其他地區未有的作為，雖然無法完全解決本部海巡部隊所有的問題，但已拚盡全力，事實也證明，對於新編成的部隊，的確發揮了非常巨大的助力。個人非常感謝當年師管區副司令商景全將軍、楊耀光將軍、參謀長李友德將軍、政戰主任吳煜強將軍暨所有的幕僚，以及各團管區司令與其所屬同袍的深明大義，無私無我的鼎力協助。

此外，我深知被移編部隊，在整訓交接階段，身處兩個上級單位的尷尬地位與難處。特別編組一個龐大的驗收單位，嚴格檢查所有移編的裝備，鉅細靡遺，凡是不符合標準者，一律剔退，毫無妥協餘地。表面上看，似乎是為難納編部隊，實則是逼迫其原本的上級單位，出面解決困難，不要將沉痾積弊帶到海邊，消除各部隊接防後的隱患，賦予新編部隊一個嶄新光明的未來。個人無意得罪陸軍等相關單位，但指揮責任與道德所在，不得不然。

再者，師管區在員階額皆未擴充之情況下，兼轄團管區和海巡等兩個系統。而新編的部隊，來源多元，軍兵種特性不同。因此，指揮機構與基層單位都存在隔閡，亟待本部加以統整磨合。個人長期在國安情治單位服務，深知海防第一線部隊的艱辛。因此，在海巡部隊接替任務後，要求所有師

管區幕僚和輔導的團管區，務必予以充分尊重，以最大的耐心和同理心，協助他們站穩腳跟、達成任務，合則共榮，分則同敗。且在人員交流、經管規劃、督導考核與考績作業上，採取更為公平公正的作法，使彼此皆無怨尤。

另外，新編部隊中有三個憲兵營，素質整齊，各級幹部大多是個人曾經同甘共苦的老兄弟。但以往憲兵與其他軍種部隊，為法紀維護問題，多多少少有一些過節。我擔心編成後的團結問題，特別叮囑兩位步兵出身的指揮官：倘若憲兵部隊的領導統御有困難，個人願意出面給予最大的支持，所幸兩位指揮官都展現卓越的領導能力，憲兵部隊也發揮忠貞、服從的優良傳統軍風，與其他部隊迅速融合，培養出團隊精神，共同投身各項任務，我深感欣慰。

第三巡指部移編本部之後，從編成整訓、接替海防，執行各項查緝任務，到參與各種競賽，都能秉持積極穩健、團結合作、不爭功諉過的正確態度，全力以赴，各項績效在八個指揮部中，都名列前茅，被譽為「八分之一指揮部」。這些傑出的表現，實應歸功於該部優秀的領導團隊、步憲部隊合作共同辦大事的精神，以及海線後備、後憲和警察的鼎力支援，始克有濟。

三指部首任指揮官黃將軍，回憶當年他與官兵袍澤共處的日子，著述《看海的日子：寫我海巡弟兄們》一書，對於

看海的日子：寫我海巡弟兄們

海巡草創時期的艱難歲月，全體官兵攜手共同克服困境，戮力達成任務的經過，做了細膩的咀嚼和反芻，各節皆是往昔事實的體現。書中的故事，有血淚汗水，有歡笑悲憫，但更多的則是濃郁的袍澤之情，以及對海邊基層官兵辛勞的不捨與憐惜，頁頁令人動容。

這本書是小歷史的觀察與敘述，為往昔的足跡和故事，留下寶貴的紀錄。在翻騰、漫長的歷史長河中，這些人、這些事，像汪洋中的小水滴，看似無足輕重，然而，從小事件看大道理，卻可以給我們很多的反思和啟迪。是為之序。

前中巡部中將司令 湯先智

終生樂爲海巡之友

　　我認識黃奕炳將軍時間雖不長，但我們十分投緣，我很敬佩他。我們初識在民國 112 年（2023）1 月，我參加中華民國中央軍事院校之友總會活動，黃將軍時任中央軍事院校校友總會副理事長，在我們的幾次相聚、話家常中，我看到黃將軍的雍容儒雅，才華橫溢，讓我印象深刻，他是一位難得入文出武的將才。黃將軍，戎馬一生，仍於退役後奉獻一己之力，加入關懷老兵行列，令我由衷敬佩，吾人有此機緣加入總會，實現我奉為圭臬之企業責任，向曾經為國家犧牲奉獻一生的老兵們致上我最誠心的敬意，實與有榮焉。

　　「海巡」常在我心，我身為海巡之友，參與、贊助海巡弟兄多年。欣聞黃將軍即將出版《看海的日子：寫我海巡弟兄們》一書，看到這本書的第一印象，是「海巡」二字吸引了我的目光。回顧過往，經常於媒體聽聞海巡救生救難、查緝非法之英雄事蹟，欽佩莫名。民國 106 年間（2017），在一次因緣際會下，受時任行政院海岸巡防署李仲威署長的邀約，期籌組海巡之友公益團體，廣邀社會賢達人士參與，協力海巡永續發展；當時我心想「在你一生中，可以有所作為的時候只有一次，那就是當下！」為表達對海巡之敬意，承

蒙各業界成功企業家的支持，順利於民國 107 年（2018）1 月
24 日正式成立了「中華民國海巡之友總會」。猶記第一次接
觸到的海巡單位，是抱著感恩的心，來到雲林地區慰勉破獲
重大走私的查緝弟兄及駐守最前線的海巡同仁；時值隆冬，
東北季風凜冽，進入許厝寮屋頂守望哨，看到正值守望勤務
的弟兄，迎著強風手持望遠鏡注視著海上船隻動態，嚴陣以
待，全神貫注，就算四周窗戶被強風吹動，發出震耳聲響也
不為所動，對當下眼前情境，我尤感敬佩與不捨。

　嗣後，在擔任首屆總會長二年期間，我有幸行腳本島與
外、離島間各偏遠地區海巡駐地，無論是在岸際、港口或海
上，就算是颱風下雨、惡劣海象，隨時隨地都可以看到默默
守護著我們生命財產安全的海巡足跡，這就是海巡的日常。
歷歷在目的情境，不僅激起我對海巡的敬仰之心，更盪漾出
我對海巡的濃厚情感。或許也就是這個情愫，在拜讀了《看
海的日子：寫我海巡弟兄們》一書之後，彷彿有身臨其境的
迴盪，就如同看到海巡弟兄一樣的親切。本書以故事引導情
境，蘊含曲盡其妙的內涵，外圓內方的思維，文采優美的論
述，是難得的好書，值得讀者品味。特此推薦。

中華民國中央軍事院校之友總會總會長
中華民國海巡之友總會創會總會長　鄭銘鈞謹識

患難見眞情

　　海巡三指部成立到現今已逾三十年，這個單位自始至終，之所以有那麼大的凝聚力，主要是有一位品德、才識兼優及以身作則的領導者，以及同袍歷經苦難所建立的真感情。以下舉我親身所見的例子為證：

　　第一個例證：我們接替海防的第二天，三一大隊方面傳來的訊息，研判可能有偷渡。指揮官立即率領兩個機動中隊前往佈哨，準備緝捕偷渡客。由於前一天在琦頂海水浴場北翼，已經發生偷渡案。本案若接踵而來，可能是成軍以來的第二案。中部地區海岸巡防司令部司令湯中將非常重視，親自驅車到海寶雷達哨督導。時屆凌晨一點多，雖有部分徵兆，經搜索查證，卻一無所獲。因為第二天尚有重要行程，湯司令不得不先行離開海岸線，回到台中，臨走囑咐部隊不能鬆懈。於是指揮官親率各海哨與機動中隊，竟夜守候，絲毫不敢放鬆。翌日天亮，該一地區並未發生偷渡案。當天下午，湯司令請地區政戰主任吳煜強將軍前來慰問指揮官的辛勞。但在吳將軍離開後，指揮官將慰問金參仟元並添加自掏腰包壹仟元，共計肆仟元，分作兩份慰問金，分別頒予兩個往返奔波的機動中隊，嘉勉渠等之辛勞。此事為個人親眼目睹，

但指揮官卻絕口不提，視所當然。

第二個例證，是個人每次巡訪基層部隊回來，向指揮官回報某哨某位弟兄的特殊情況時，他都能立即說出那位弟兄問題存在的癥結，顯然已有充分掌握。其知官識兵的紮實，的確能發揮瞭解靜態，掌握動態，進而防範變態，使三指部的軍紀安全維持穩定的狀態。就一個新編成的單位而言，並不是一件容易的事。

個人於移編海巡前，即任職本部前身的陸軍二六九師八〇七旅。歷經編成整訓、任務接替和初期的奮鬥紮根、務實圖存，陪同三指部所有的袍澤，渡過那段最艱辛的歲月，也跟大夥兒培養出最深厚的革命感情。做為三指部成立後首任的政戰處長，雖然半年後我就調離三指部，但三指部的人、事、物常在我心，永生難忘。

俗諺：「患難見真情」，共患難所建立的感情最真誠、最長久。個人有幸受到袍澤們的抬愛，權充指揮部的連絡人，讓我們這群曾在海邊共同歷經巨浪滔天、風沙吹襲，私梟、蛇頭挑戰的伙伴們，能緊緊凝聚在一起，三十幾年來，年年相聚，大家從全省各地趕來參加，並承我們最尊敬的湯司令蒞臨指導。個人對此深感榮幸，充滿感恩與感激。

佩服指揮官黃將軍以驚人的記憶力，回顧其任職三指部自編成以迄離職的過程，撰寫《看海的日子：寫我海巡的弟

兄們》一書，有血有淚，有歡笑有悲憫，篇篇皆是我們所曾親身經歷的過往，回首前塵，無限感慨。謝謝指揮官帶我們穿越時光，能再反芻那段悲喜交集、同甘苦共患難的歲月。謝謝海巡三指部的弟兄們情義相挺，情誼永在，那一段海巡歲月，看海的日子，已成我們生命中最珍貴的軍旅印記，同生死的革命感情，刻骨銘心，彌足珍貴。

前海巡三指部政戰處長　藍天虹

▲前海巡三指部政戰處長藍天虹。

▶ 中華民國中央軍事院校之友總會總會長鄭銘鈞。

海巡的印記

　　拜讀《看海的日子：寫我海巡弟兄們》，勾起了我三十年前那段年輕歲月的記憶，除佩服黃指揮官驚人的記憶力，從文章中也了解了長官們在該時為國家的奉獻，以及許多基層官士兵未能全盤理解的過往。

　　民國 81 年末（1992），憲兵 219 營奉令移撥新成立的海岸巡防部隊，過往自認驕傲的兵種即將轉為執行陌生任務的海巡，那種徬徨、疑慮充斥在憲兵部隊弟兄間。歷經 82 年初（1993）在新竹坪埔營區的集中訓練，以及駐防中港營區一段時間的業務學習、適應後，繁瑣的海巡工作及日夜顛倒的任務，在指揮官及大隊部長官們的領導下，我們逐漸融入了海邊的生活，以及熟悉大安溪至大肚溪河口間複雜的巡防工作。個人編配於 33 大隊勤務分隊執行政戰業務，因而有幸參與各種上級督導、視察部隊的紀錄，故能親眼目睹指揮官帶領三指部弟兄們執行任務及回應上級的過程。

　　猶記得民國 82 年（1993）3 月底移防中港營區後，有一次指揮官親臨中港營區對所有弟兄精神勉勵，其引經據典的談話及溫暖的言詞，一掃憲兵同仁們的不安，讓我極度感佩指揮官豐富的人文學養，該時心忖這是國軍的人才，必然是

未來的明日之星。退伍二十年後，我已服務於國立金門大學，民國 103 年（2014）11 月，在某次戰地遺產的論壇中相逢，才確知早已官拜中將的指揮官亦為金門籍將領。此後，指揮官戮力於家鄉的軍事遺產保護，在其專業指導下，至今仍持續協助地方政府與金門大學團隊推動金門戰地史蹟的保護工作。

在海岸複雜的環境與艱困的生活條件下，指揮官不僅要指揮所有官士兵執行海巡任務與照應各哨所、隊部的需求，且在日夜顛倒的軍旅生活中並未放棄學習，立定目標後利用片段時間抽空讀書，提升自我，終獲戰院錄取。在該時期，我亦因立志退伍後持續深造，就僅能在部隊就寢前與休假日準備考試。相較於指揮官利用夜巡查哨的車行時間背誦、閱讀，我卻可安穩地在營區的夜間中念書……這樣的情境與差異，讓我更為感佩指揮官的毅力與三指部長官們無私的奉獻。

藉由指揮官的大作，讓我終於了解過去的一些事情。該時我僅在 33 大隊勤務分隊服務，對於許多的事務掌握有限。《看海的日子：寫我海巡弟兄們》，記錄了海巡任務艱辛的過往，也詳實地闡述了不同部隊、單位間如何深化合作的點點滴滴，亦能讓曾經在海邊生活的弟兄們過往許多瑣碎或片段的記憶連結起來。

著實有幸由指揮官黃將軍帶領下，我們從城市的憲兵轉

看海的日子：寫我海巡弟兄們

化為海岸巡防的第一線,在多樣複雜、具挑戰的海巡任務中,因卓越的領導讓基層官士兵緊密在一起。非常感佩指揮官在那段期間給予弟兄們的領導協助!

這是海巡三指部最真實的印記、弟兄們共同的回憶,也將是一冊無價的史書。

國立金門大學建築學系副教授
戰地史蹟與閩南建築研究中心主任　曾逸仁

是故事，但不僅僅是故事

　　《看海的日子：寫我海巡弟兄們》是民國八十二至八十四年（1993-1995）我與海巡弟兄們共同奮鬥的往日事蹟，它，絕非僅僅是故事而已。提筆寫這本書，我僅花了三年的時間，但從離開海巡三指部那一天開始，我發想、構思，斷斷續續撰稿，以迄完成，卻費時將近三十年。個人指揮官的任期，雖然僅有短暫的一年六個月，較諸四十幾年漫長的軍旅生涯，時長比例甚微。然而，與曾經歷練過的二十幾個職務相比，卻是最特殊、艱困和難忘的一個工作。

　　我從陸軍被連根拔起，移編到海巡，戍守國家海岸歷時一年多，再到戰院受訓後，重新回到陸軍，這種率隊移編、跨軍種的歷練，是一段既關鍵、難得又特別的機遇。個人很難忘記那段新編成的艱辛，接替海防後，怒濤拍岸、海風淒厲，漫天滾滾沙石撲面而來的歲月；更難忘懷弟兄們身揹長槍、穿著厚重的防寒大衣，在寒風刺骨的海岸線上，踽踽而行的佝僂身影。

　　有一句話說得好：「哪有什麼歲月靜好？只是有人為你負重前行。」國家的安全，社會的安定，亦復如此。倘若沒有千千萬萬的軍、警、消和海巡弟兄，在外離島，在海上（岸）、空中、偏僻荒野，堅守崗位，全天候警戒和守護，

何來一般百姓的安居樂業？我們不需要大眾的感激，因為那是我們的志業與職責，唯一卑微的渴求，僅是同胞們誠心的尊重和理解。

民國一〇七年（2018），政府推動所謂「軍公教年金改革」，廢棄承諾，背信棄義。且為了合理化其政策作為，發動側翼帶風向，不惜挑撥世代仇恨，分化社會階層，將軍公教打成貪得無厭的「米蟲」，極盡羞辱、踐踏之能事，一舉抹黑成全民公敵，連上街都被公開質疑，軍公教幾乎成了不敢表露身分的一群過街老鼠。做為一個退伍的老兵，面對此一情境，內心極度悲憤。那些窩在冷暖氣空調廟堂之上的政客、官僚，不僅剝奪我們應有的退撫給與，還恣意侮辱我們。退俸的大幅削減，固然令人窮於應變，感到寒心。但更讓人痛心疾首的，則是全盤否定我們往昔棄家別子、餐風露宿、遠戍荒陬，流血、流汗，為國家社會所作的犧牲奉獻，尤其是回顧那段海巡歲月的勞苦，益增內心的憤懣與不平。撰寫這本書，也有撥亂反正，讓事實說話，達到「務得事實，每求真是也」的目的。

本書從故事的緣起開始，共區分「轉進海巡初體驗」、「實打實戰在海巡」、「海巡的帶兵哲學」、「海巡周邊有真情」等四個部分，從我由高司下野戰部隊，移編與海巡結緣寫起，歷經坪埔整訓、接替海防任務，迄戰院畢業回歸陸軍，共計四十五則大大小小的記事，大致是以時間為縱軸，

故事的性質為橫軸，希望經營較具邏輯的架構，給予讀者完整的概念。每則記事後面，略述筆者的感想或心得，希望能發揮經驗傳承、智慧支援的效用。

我只是一個退伍軍人，不是作家，也沒有生花妙筆，更沒有「立德」、「立言」的宏願。個人把自己定位為「說故事的老兵」。書中所言，因時隔已久，在人物和時空方面，或有差池，但每一則往事都是事實，信而有徵。個人敦請四位先進幫忙寫序，有我當年的直屬長官：中巡部司令湯先智中將；同僚：編成時首任政戰處長藍天虹上校；基層部隊：三三大隊政戰士曾逸仁副教授；以及海巡之友總會創會總會長鄭銘鈞董事長。他們瞭解海巡、關心海巡，從不同的階層和地位觀察，可以驗證故事的真實性，更能說出故事背後的故事。因此，這本小書不僅是三十年前我和海巡弟兄們的回憶故事，更是國軍當年的海巡狀態與運作實錄，可當作海巡「小別史」看待，藉以理解海巡草創時期，當年的官兵胼手胝足，篳路藍縷，披荊斬棘的梗概。

本書能夠出版，要感謝的人太多了。首先，感謝湯司令、鄭總會長、藍處長和曾教授不吝指導，惠賜序文，尤其是曾教授委託其兄從新竹寄來三大本海巡三三大隊為主的舊照，非常珍貴。謝謝老戰友國防部國會連絡處處長石文龍將軍，與軍聞社社長王智平上校，以及後備指揮部政戰主任胡瑞訓將軍、副參謀長李宗泰上校、行政處長程俊源上校和史政官

李盈馨少校，協助尋得將近三十年前的老照片和舊檔案，得以匡正並充實內文。感激三二大隊長陳金農中校、三三大隊長吳重河中校暨夫人張彬彬女士提供寶貴的照片。全書的寫作過程，得力於內人王素真老師的鼓勵、協助編排、校對和潤稿，使本書得以呈現較嚴整的風貌。最後，特別感謝臺灣蘭臺出版社和博客思出版社，願意幫忙出版這種硬梆梆、小眾閱讀的書籍。當然，更希望這本小書的出版，有助於大眾對海巡部隊的瞭解，進而支持和鼓勵那些鎮守國家海岸的無名英雄。

前海巡三指部指揮官　黃喜炳

第一部

轉進海巡初體驗

一、緣起：患難與共的記憶

　　做為一個從軍四十餘年、退伍已超過十年的老兵，回首前塵，甘苦備嘗。在漫長的軍旅生涯中，我感覺最痛苦且備受煎熬的職務，應屬金防部的第三處處長和海巡指揮官。前者是幕僚主管，正值防區部隊精簡和組織轉型，身為核心的主辦單位，雖然工作沉重、壓力「山大」，但畢竟上面有高個子（長官）頂著，循著上級政策和長官的指導執行，有著充分的緩衝與迴旋空間。而後者是主官，獨立在外執行任務，在外患方面，隨時可能發生海岸犯罪與敵情威脅，在內憂方面，各部隊大多以班（分隊）為單位，散布在百餘公里的濱海第一線，其軍紀安全、教育訓練、武器裝備維護整補，乃至食衣住行等各種問題的張羅和處理，包羅萬象，很多狀況甚至必須不待命令，自己迅速判斷、立即下達決心，並對下級做出指導，其繁瑣和壓力更勝於前者。此外，海巡任務執行過程中層出不窮的情況、晝夜顛倒的生活作息，以及長期處於睡眠不足的境況，沉重的生理和心理壓力，尤讓人身心交瘁。緣此，任職海巡全期，我因火氣大造成的口腔潰瘍、耳朵紅腫，以及腸胃潰瘍反覆發作，從未痊癒過，這些往事歷歷在目，刻骨銘心，未曾稍忘。

　　距離那段鎮守海防的歲月，已經很久很久了！雖然距今相隔已經三十年，但我依然可以由北到南非常熟稔地背出原

屬海巡三指部四十幾個班哨的名稱。即使歷經滄海桑田，苗中海岸的風貌已經不復舊觀，個人仍依悉記得它們的監控配置、周邊景觀、出入的道路、風土民情，以及所曾發生過的重大事件。偶有機緣經過那段海岸，彷彿那怒濤拍岸、強風淒厲的聲音，仍在耳際、腦海盤旋，難忘狂飆的海風，挾帶漫天的滾滾沙石撲面而來，打在臉上，鑽進頭頸、毛髮，甚至厚重防寒大衣的情境。離職後很長一段時間，在寤寐或恍惚之間，彷彿通霄、臺中港火力發電廠煙囪頂端入夜後鬼魅般的紅燈，還在眼前閃爍，追捕偷渡客的哨音，仍然尖銳的在防風林裏迴盪……。曾有老袍澤稱讚說：「指揮官的記憶力真好！」但試想：假如一個人曾有一年半的時間，日夜不止歇地在一百多公里的海岸線上奔波、巡查，在每一個據點駐足視導數十次，甚至上百次，就算時間再久遠，你會忘記這些人、這些地方和這些事嗎？

我離開三指部到三軍大學戰爭學院受訓後，在很長一段時間裡，每逢颱風過境或強烈寒流來襲，都會下意識想起外埔漁港防波堤尾端的潛伏哨，通霄灣孤懸在外、地基被海水嚴重掏空的監視哨，以及出入不便、僅有脆弱軍線與無線電可以通聯的半天寮據點和南堤砲班，還有每逢冬季都幾乎被東北風飄沙完全覆蓋的北堤班哨……，夜黑風高、濁浪滔天、寒風刺骨，基層的同袍們是否安然無恙？年輕的據點指揮官會不會做即時的處置？午夜夢迴，甚至夢囈，都會念及大安、

看海的日子：寫我海巡弟兄們

灣瓦和通霄的水災。內人曾勸說：「離開那麼久了，不在其位，不謀其政，就放下吧！」但，沒有共同一起走過那段患難與共、甘苦同當的過程，是很難體會那份情感與牽絆的。

新冠肺炎疫情爆發前那年（2019）的十月初，老袍澤們在臺北「勺勺客陝西餐館」聚會，大家的話題都圍繞著當年海邊的故事，有辛酸牢騷，也有榮耀得意，叨叨絮絮，笑中帶淚，雖然一切盡成追憶，但每個人心中有著更多的成就感和驕傲，畢竟我們曾在艱苦的環境和資源缺乏的狀況下，同心協力，突破困境，共同打造出一支團結合作、足堪擔當大任的部隊。悠悠歲月，即使退伍後各奔前程，散落各行各業（其中有農會總幹事、印刷廠老闆、大學教授、教學醫院名醫、會計師、知名的道長……等等），歷經時光的淘洗，卻依然以曾經在這支部隊麾下服務、鎮守國家的海岸為榮。

老戰友叮囑：「來為這些往事留點紀錄吧，否則隨著歲月的淘洗，很快就會消失得無影無蹤。」我也覺得把大家同甘共苦的往昔足跡，留下雪泥鴻爪，是一份責任，更是一種革命感情的印記，唯因公務倥傯與撰寫博士論文，延宕許久，嗣後，利用春節假期提筆勉力為之，草稿也呈給我最尊敬的湯司令先智指導，以及參加此次聚會的袍澤分享。嗣後陸續增補，藉以代表海巡三指部對湯司令的感謝，以及個人對昔日共同奮鬥袍澤們的敬意，如其可能，也給後進的學弟妹們做參考，畢竟用血汗與淚水換來的經驗之談，應該有其可供借鏡的些許價值吧。

二、調職：由高司重返野戰部隊

民國八十一年（1992）四月底，國軍有一波重大的人事調整，就是國防部副部長莊銘耀上將調任海軍總司令，成為第一位本省籍的海軍最高主官；海軍總司令葉昌桐上將調三軍大學校長，三軍大學校長汪多志上將則接任副部長一職，形成三角輪調的有趣畫面，其實那是李登輝總統繼撤換陸軍總司令黃幸強上將、任命劉和謙上將為參謀總長後，藉以掌握軍權、整肅所謂「郝家班」的人事布局。

這種高層的人事調動，看似與中階幹部無涉，但個人當時擔任汪先生的校長室主任，奉命先與海軍總部總辦室的主任龔家政學長作交接後，接著打前瞻，到國防部部本部（位於總統府，當年稱為介壽館的後棟三樓）與副部長的辦公室主任陳祿曾學長（尹清楓命案的關係人）交接，那是我第一次到國防部高司單位歷練，心情有點高處不勝寒的惶恐。

到了國防部，在大學長韋希斌秘書（陸官二十四期，曾任成訓中心訓練處長，退伍後被聘為高級長官秘書，為人謙和敦厚、淡泊名利，文筆書法都有很高造詣，只是官運不佳，前幾年已經逝世）協助，辦公室所有同仁：包括中文秘書郭亨政上校（陸軍官校四十六期，曾經擔任陸軍官校教育長、國立陸軍高中校長，現在是國內著名古董公司的董事長）、

英文秘書何志信中校（國防管理學院七十一年班，曾經擔任駐法採購組組長、軍備局採購中心少將處長），前後任侍從官洪志安少校（陸軍官校五十四期，曾擔任中正預校校長）、閻超雄少校（陸軍官校五十三期，曾經擔任人事次長室上校人參官，後因奉養年邁雙親，提前退伍）等人的支持配合下，工作順利。因為我們的工作態度積極，與各聯參密切協調連繫，在應對上，秉持汪先生的指導，謙和低調、服務熱忱，贏得部本部與參謀本部各單位的肯定與尊重。

　　同年（1992）下半年，陸軍重要軍職檢討。我的績分很高，在步兵旅長一職候選名冊中，名列前茅。參謀本部行文部本部，徵詢是否同意我下部隊歷練（其實原本不必經過此一程序，但因我是高級長官隨員，他們要尊重副部長的意見），部本部人事官陳家駒學長向副部長報告：部本部已經很久沒有上校階被派任重要軍職，機會難得，建議同意我的人事薦派，將有利鼓舞部內同仁的工作士氣。副部長未經絲毫猶豫，慨然答應，唯一的要求是派往野戰重裝師歷練，而非輕裝師或預備師。嗣經人事次長室重要軍職承辦人李豐池中校（陸軍官校四十七期，曾經擔任陸軍關西旅旅長、司令部通資處處長，現為著名書畫家）告知，原本的作業，我是調任大林師（二五七師）梅山旅旅長，後來遵照副部長的指示，改派楊梅師（二六九師）八〇七旅旅長。十一月底，參謀總長劉和謙上將召見並訓勉後，大勢底定。但此一改派，

43

卻打亂了楊梅師原本的人事布局，肇致該師部分長官對我不是很友善，因為他們建議的人選另有其人，我這個插隊的「空降部隊」，當然不受該師歡迎。然而身為軍人，只能奉命行事，既不能選擇長官，也不能選擇單位，人生的機緣實在是有著太多的身不由己啊。這項派令也正式開啟我與海巡三指部一年半的情緣。

▲ 中巡部副司令商景全將軍視導三指部機動中隊戰技操演。

三、困境：短暫的高山頂時光

　　調職的正式命令還未頒布，電話紀錄來得又快又急，楊梅師參一科科長戴安國中校（陸軍官校四十五期，是我的同期同學）並來電催促儘早報到，且暗示某長官已經放了狠話，如果不如期報到，要如何如何。我不願得罪新單位的長官，只得報告副部長並婉拒辦公室十一月三十日的歡送，連夜趕赴楊梅報到。民國八十一年十二月一日早上，師長馮滇生將軍幫我在楊梅高山頂駐地布達，正式開展我在楊梅師時僅四個月的步兵旅旅長任期，以及在高山頂營區短暫而不愉快的生活（扣除在坪埔營區移編整訓的時間，實際住在高山頂只有短短的個把月而已）。

　　到職翌日，總司令陳廷寵上將召見。召見前，我趁空檔先去拜見了一位老長官，見了面，他的第一句話不是恭喜，而是「奕炳！你要去的單位軍風紀狀況非常不好，要小心點。」接著非常坦誠的將師、旅的一些近況，給我稍做提醒，臨走還不忘加了一句「自己小心點，加油！」這位老長官正派剛直，是我非常佩服尊敬的將領，聽其所言，心裡七上八下，頗為擔憂，但也對新單位有了一個概括的瞭解。回到師部，又去見了一位十軍團認識、時任師部高勤官的學長，他也把八〇七旅的狀況做了介紹，但讓我震驚的是，他居然提醒我要防範某某、某某人，天吶！一個單位內斧聲燭影，

長官不信任下屬，部屬離心離德，彼此相互猜忌，如何團結合作達成任務？想想更增添幾分不安。但也自我安慰：事在人為，只怕幹部本身沒有作為，那有帶不好的部隊、練不好的兵？自己在苗栗師營長任內，還不是靠著一份堅持與「憨膽」，扭轉整個步兵營的狀況而撐過來了！

回到旅裡，經過與副旅長、政戰處長懇談，瞭解本旅編配步兵四、五、六營，且督導同一營區的精誠連和戰車營。步四營分遣在軍團司令部、新豐北考部、龍崗士官學校和太平營區等多處；步五營駐紮八德大湳營區，步六營是基幹營（兼督導精誠連），在旅部附近。因為部隊散布甚廣，任務龐雜，指揮掌握，殊非易與。在軍紀安全方面，先前守海防時，因緝私、反偷渡獎金處理分配不當，旅部多人遭到嚴厲處分，禍不單行，接著又發生士校連連長開車撞死人、幹部出入不正當場所，和後勤官不服上級單位對本旅的處置，跟蹤軍團政三組組長，惹毛監察系統等事件。因為短期內狀況不斷，加上部隊移編海巡在即，人心浮動，多重負面因素交織，形成惡性循環，部隊士氣非常低落，本旅遂成師部、軍團，乃至陸總部眼中的頭痛單位，後來更發生讓我終身難忘、引以為恥的手槍失竊案，此係後話，另作交代。

本旅旅部駐紮在高山頂營區，該營區位於桃園台地西翼，北鄰楊梅高中及幼獅工業區，南面接近楊梅鎮市區，南北狹長，範圍頗廣。師部將整個營區的管理一分為二，北區

所有部隊歸支指部管轄，南區則統由步兵八〇七旅負責，戰車營在營區最南側，就劃歸本旅節制囉。該營區當年尚未改建，兩層樓兵舍與平房錯落其間。臺地地形因為缺乏遮擋，秋冬季節寒風蕭瑟，但營區卻呈現一種非常奇怪的現象，草坪到處綠草如茵，令人匪夷所思。後來我才瞭解，整個營區因為水管老舊，到處破損漏水，修不勝修，建案重舖又遙遙無期，只能消極處理，修修補補，致出現此一怪事。漏水沒有辦法堵漏，水錶日夜不停照跑，水費嚴重透支，必須由各級單位的行政事務費分攤，因此，那個時期楊梅師各級單位每月的行政事務費，可用額度都僅剩一半，即便如此，據說水費依然入不敷出，仍須師參謀長經常跑自來水公司情商，請求寬限，以避免斷供。

此外，水費嚴重透支，除了水管漏水，管理鬆散也是成因。某日傍晚，我繞著營區道路跑步，發現營區大水塔抽水水管破裂，自來水從破洞像瀑布一樣傾瀉而出，許多官兵路過，視若無睹，好像司空見慣。我停下腳步，急忙打電話給戰情，請其通知水電班關閉水閥實施搶修，不料等了十幾分鐘，依然不見半個人影出現，只得請戰車營派人搜尋止水閥，加以關閉，以免繼續噴漏，直到我離開現場回旅部換衣服，仍不見負責單位露臉。時隔三十年的往事，想來仍覺荒謬，不知道問題出在那裡，相關單位在幹什麼呢？研判因為本師各部隊即將移編，師部將轉型為基幹的動員師，各級幹部抱

持過客心態，見怪不怪，因循苟且毫無作為，恐怕才是主因吧。且說不定還認為我這個新來的菜鳥旅長少見多怪呢！

　　楊梅師當時還有一個怪現象，非常講求人際關係，譬如：某某科長是某高級長官的老部下，某營長是某長官的隨員或愛將，師部的高勤官都對他們禮遇三分，不敢得罪。這種怪現象在開會或兵棋推演等大型集會時特別明顯，這些人的報告或發言，狀甚倨傲，也沒有人敢提不同意見。我新來乍到，不瞭解該一生態狀況，又是他們眼中的「空降部隊」，在某次兵推時，聽完某科長的報告後，覺得其意見恐將衍生嚴重後遺，遂舉手發言，表達自己的看法，沒有想到他非常不悅，立即厲聲提出反駁，在場多位科長級以上幹部紛紛應和，連主推官都在幫腔，一副眾人一起「圍剿」的態勢。我自覺有理，本想再發言反駁，旁邊的學長好意碰碰我的手肘，暗示不要再多言。事後，他問我：「你難道不知道他跟過某某長官，據說是某某長官的愛將嗎？」驚駭之餘，只能彼此相對苦笑，狐假虎威，莫此為甚。此一經驗，讓我深刻警惕自己：階級越高，用人越要謹慎，平日即應要求渠等謙和待人，不可傲慢。對於舊屬固然要念及舊情，但不能縱容其假借自己的名義在外招搖欺壓他人。

四、移編：跨軍種的部隊移編

任職布達結束後，席不暇暖，就接獲通知：下午要到師部參加一個重要的會議—移編海巡的協調會。事前我對此訊息一無所知，乍聽之下，腦袋好像被敲了一記悶棍，那可是一件跨軍種的大事，自己必須被連根拔起，離開陸軍這個土生土長的大家庭，到一個完全陌生的單位。情感的牽絆、陌生的環境與發展空間可能受限的問題，在在都使我對移編充滿疑慮和抗拒，我想那應該也是全師大部分志願役官士的想法吧，但政策如此，卻也無可奈何，僅能依照計畫進行各種移編的準備工作。

不久，軍團司令李建中中將約談即將移編的重要幹部。李將軍是我在苗栗師的老長官（李先生時任后里軍軍長兼成訓中心指揮官，我是其轄下苗栗師（二九二師）步七營的營長，擔任臺中縣暨苗栗縣部分海岸守備任務），特別垂詢個人即將被移編的想法。我坦誠不諱向他報告：個人從官校畢業後長期在陸軍服務，對陸軍的情感極深，捨不得離開陸軍。李司令聽後，非常嚴肅的告訴我：「你是一個指揮官，即將率領兩千人的部隊，移編到一個陌生的單位，你的責任是保護他們，帶領他們達成任務！不能心存遲疑和抗拒。」這一振聾發聵的訓示，讓個人瞭解自己所負的使命和責任，終其海巡指揮官任內，一直奉為圭臬，不敢稍忘。

移編已成定局，由警備總部改編的軍管區兼海岸巡防司令部，納編陸軍楊梅師、九曲堂師兩個野戰重裝師為主體，海軍陸戰隊部分兵力，以及九個憲兵營，組成新的海巡部隊，讓原本擔任海岸守備的重裝師步兵營可以抽身。楊梅師分配接替的轄區，是由臺中大肚溪以北，以迄宜蘭、花東的綿長海岸線，也就是接收苗栗師、楊梅師自己、關渡師和花東指揮部的海防任務。九曲堂師（一一七師）則接替大肚溪以南迄屏東地區和澎湖等離島地區，也就是接收海軍陸戰隊九九師、九曲堂師自身，以及澎防部的海防任務。

在編組上，整個海巡司令部共編成北、中、南、東四個地區海巡司令部（由地區師管區司令部兼任），下轄八個巡防指揮部，二十七個海岸巡防大隊。除澎湖離島為第七指揮部（由澎湖團管區司令部兼任），花東為第八指揮部，其餘，西部地區由宜蘭至屏東分別賦予一至六的番號。北巡部轄一、二指部，中巡

▲ 原海巡三指部舊址

部轄三、四指部，南巡部轄五、六、七指部，東師部轄八指部。

　　楊梅師負責編成海巡第一、二、三和第八等四個指揮部。花東的八指部，指定由楊梅師大園旅（步兵八〇六旅，旅長是陸軍官校四十四期的江明學長，當時仍任海防任務）於二指部接防後，撤回整訓，再移師花東接替任務，因此，在時間上，有三個月的落差。問題是西部的三個指揮部究竟由那個單位接任？我期別最低、資歷最淺，完全沒有任何置喙挑選的餘地。位於基隆和大園的一、二指揮部，分別被八〇五旅的關學長和砲指部的孫學長挑走了，只剩下通霄的三指部。面對此一結果，讓我喜出望外，因為這一段海岸線，原本即是苗栗師的守備地區，通霄溪以南沿線，更是我擔任海防營長的老地盤，駕輕就熟，至少在地形地物和民俗風情的瞭解，可以很快進入狀況；即使是通霄溪以北迄中港溪一帶海岸線，原為苗栗師龍港營的轄區，我也並不陌生。人生的機遇，禍福相依，難以逆料，所有的安排都是最好的。

五、憾事：移編準備期間的曲折

　　移編準備期間，在未集中到整訓基地前，部隊原有的戰備訓練任務，仍需正常推行。那段時間，陸軍為了彌補海防間隙，步兵部隊必須排表實施夜間行軍，與海防部隊進行會哨。本旅的步五營是集中的步兵營，當然要輪流執行該一任務。部隊夜行軍的路線和區域，概略在大園、觀音、新屋附近，以容易走私、偷渡的地區為重點，詳細規劃時遠不復記憶，但當年桃園海線的交通與路況，還非常落後，除了鎮上或村落民居，很多路段都沒有路燈，安全顧慮很大。新來乍到，我不敢大意，除了旅部派出的督導官外，更親自前往重要地點視導。記得那年冬天來得特別早，海邊寒風刺骨，坐在有帆布布篷遮擋的吉普車上，猶覺蕭瑟寒冷，徒步行軍的官兵應該備感艱辛。某次督導，路過觀音一座大廟，我看駕駛畏冷發抖，乃指示路邊停車，一起到賣藥燉排骨的小攤子，各吃了一大碗排骨湯和燒仙草，身體頓時暖和起來，那種幸福的感覺，迄今難以忘懷。在往後的日子裡，我還是喜歡吃藥燉排骨和燒仙草，但始終無法重拾那種難忘的滋味，即使是臺北大飯店頗負盛名的藥燉排骨盅，也難以比擬。是以人生的幸福指數高低，並無一定標準，不同的情境，感受是完全不同的。

　　此外，當年十二月十九日，是中央民意代表立法委員選

看海的日子：寫我海巡弟兄們

舉，在野的民進黨，自認在桃園地區氣勢頗盛，唯恐行政力介入輔選，影響選舉結果，選前即揚言，如果敗選，將發動民眾大規模示威抗議，整個地區政治角力非常激烈，尤其是桃園與中壢地區，隱隱然有爆發衝突與暴亂之勢。部隊既要維護社會秩序安定，防止暴亂，又需負責任區的輔選工作，角色混淆，壓力極大。楊梅師負責桃園縣防暴制亂的任務，因此早早就進行多次的兵棋推演，以及部隊派遣模擬反制。本旅編有精誠連與安臺連，兼負選舉期間戰備與群眾運動處理雙重任務，責任沉重。嗣後，開票結果由在野的民進黨勝出，沒有理由示威遊行，社會可能產生動盪不安的危機隨之解除，大家在失落之餘，也覺得鬆了一口氣。

在選舉強化戰備、防暴制亂工作與移編準備工作，如火如荼展開之際，發生了一件小插曲，使事情變得更複雜。事情是這樣的，為了提高投票率，部隊在戰備壓力下，仍規劃區分梯次返鄉投票。我和副旅長王利群中校（陸軍官校四十四期）戶籍都在臺北市，分成兩梯次回家投票，我分配在第一梯，投票日前一天傍晚回家（12 月 18 日），翌日一早投完票，應該即時趕回部隊留守，接替任務，讓副旅長返籍投票。內人當時懷胎十月，距離預產期不遠。我唯恐影響任務，即商請內人掌握生產時間，內人滿口答應生產時間絕不會影響我第二天的重要工作，不意計劃趕不上變化，當晚下半夜內人開始有狀況，清晨六點多鐘陣痛加劇，我們手忙腳

亂拎著住院所需的物品，徒步走到距家數百公尺外的內湖醫院（現已經改為中國醫藥大學附設醫院），希望加速產程，辦了住院手續，八點鐘主治醫生才姍姍來遲，後續雖然陣痛不斷，但娃兒就是硬撐著不肯出來，內人痛得哇哇叫，我則是急得團團轉、滿頭大汗。時近中午，我請家住淡水的政戰處長投完票，先回部隊接替副旅長，並向師部報告自己的狀況，並保證一定會在開票前返回高山頂坐鎮。老岳母愛女心切，從三重趕來助陣，盼呀盼，犬子小多終於在下午三點十四分呱呱墜地，看見母子均安，將他們委請岳母照顧，我則搭著小舅子的小貨車，先趕到投票所投完票，接著由高速公路直奔楊梅高山頂營區駐地，營門衛哨看到上校軍官坐小貨車返營，頗感驚愕，盤查良久，心急卻也無可奈何。

選舉期間的安臺戰備任務，並未影響移編海巡的籌備工作，師部陸續召開多次協調會，基層的工作便如火如荼的展開了。最主要的包含兩大部分：一個是人，另一個是武器裝備。在人的部分，三指部按照計畫，由兩個憲兵營、一個步兵營編成，憲兵營係由上級指派，步兵營則由本旅的兩個營擇一（在編制上，步兵旅是指揮機構，僅有旅部、旅部連是建制部隊，其他部隊按照任務需要納編，依照指揮幅度，可以編配三至五個步兵營，配屬或作戰管制裝甲與砲兵等部隊。本旅當時轄四、五、六等三個步兵營，六營是基幹，另兩個營是實兵）。旅政戰處長藍天虹中校（政戰學校二十五期，

看海的日子：寫我海巡弟兄們

曾經擔任國防大學通識中心主任），就兩個實兵營營、連主官（管）品行、能力、特質，以及轄下部隊之軍風紀、訓練和達成任務的能力，詳加分析評估，強烈建議爭取將步五營納編。經我極力協調陸軍和海巡兩邊的作業單位，終於如願。這一個正確的決定，對於我們後續鎮守海岸線的表現，影響甚鉅。至於指揮部的編成，個人則根本插不上手，完全由上級決定，也發生一些讓我非常意外的安排，此是後話。

在軍官移編人選部分，發生了一個插曲。某次移編工作檢討會後，師參謀長神秘兮兮的把我找到一旁，問道：「你跟總司令有什麼關係？為什麼他特別交代要把你留在陸軍？」我跟他打哈哈，說沒有什麼特殊關係，可能是我期班較低，將來發展性較好吧。其實總司令陳先生在十軍團擔任副司令時，我在司辦室擔任秘書，相處長達一年多，他對我瞭解甚深。個人確實沒有尋找關係想留下，也不願在此一兵荒馬亂時刻節外生枝。此外，據說兩個總部第一次的人事移編協調會，我的名字被支指部指揮官何學長取代（何學長是四十一期工兵科，非常有意願移編海巡）。但名冊上呈後，不久就被海巡部抗議，因為他們發現陸軍並未做到全員移編，有些人已經被抽換了，最明顯的例子，就是本應移編的我不在名冊內。陸軍顧慮不宜違反移編訓令規定，無奈只得將我重新造冊納入名單。人生的際遇很神奇，該來的總會來的，編入海巡對我的影響很大，禍福相倚，塞翁失馬焉知非福，

誰說得準呢！

　　在武器裝備的整備上，則是一個繁瑣、龐雜的工作，八○七旅卸下海防任務不久，裝備妥善狀況不佳。元月初，我們內部先實施了一次主官裝備檢查，進行武器裝備全面清點，以及妥善率的鑑定。不意卻出了重大狀況，旅部連在裝備清點時，發現短少一枝手槍。接獲報告，我直覺的認定是監守自盜，因為個人履新後，確實按照規定，親自逐一清點所有單位的武器和管制軍品。手槍分成槍身、槍機和扳機等三個部分，拆卸後分開存放在不同手槍櫃，我是拿著手電筒，逐類逐件清點。三個部分要一次取得，非內賊難以順利得手。因此，我立即集合全旅部連的官兵，動之以情，曉以大義，要求即時前來自首，可以從輕發落，希勿害人害己。不意我剛離開集合場，副旅長要好心切，隨後進入，訓斥所有官兵，認為是在新旅長面前，讓原有的旅部高勤官丟臉，矢言破案後，竊盜者將送軍法審判，有可能被執行槍決。於是，原本有機會消弭問題的機會之門，頓時消失。

　　因為無人承認竊取，惟恐逾越回報時間，旅部只得循主官、政戰和戰情系統回報（上級保防布建系統也很快就上報了），不到一個小時，六軍團、陸總部和國防部的專案小組，陸續趕抵高山頂營區，軍團並指派了一位少將政戰副主任在旅部坐鎮指揮。專案小組由軍團政三組組長主其事，規定旅部、旅部連所有官兵管制休假與外出，用盡各種方法調查，

旅部和旅部連被抄翻了，旅部軍械士、補給士等有機會接觸槍械者，都被列入重大嫌疑犯，歷經連番盤問，軍械士的母親且被請來做道德勸說，軍械士與母親會面，矢口否認，痛哭流涕，說別人不相信他，為什麼連自己最親近的母親都不瞭解他，至此，被排除犯案可能，所有調查工作要重起爐灶。

　　後續的調查行動，包括整棟兵舍的內務櫃、辦公桌等陣營具，全部搬到室外，逐一檢視，化糞池和附近的水池、水塔都抽乾了，仍然一無所獲。後來，軍團李司令召見我，很嚴肅的問：「到任後，你是否按照規定全面清點過所有槍械？」，我非常肯定的向他回報：「的的確確是全面一件件完成清點，手槍三個部分，也是逐一點清，並且做了紀錄。」李先生聽完，立即指示：「縮小範圍，從黃旅長清點日往後調查，對象鎖定此期間進入軍械室的人員。」竊槍者發現範圍緊縮，自己已難脫身，且眼見全連受牽連的慘狀，受不了良心的譴責，遂利用傍晚空檔，前來向我自首，我立即向上回報，並與藍處長會同相關幹部，換穿體育服，搭乘後勤官的民車，連夜陪同該員返回臺北住家，在其加蓋閣樓的臥室衣櫃取回槍枝。據竊盜的士兵自白：他是連長傳令，因為連長錢上尉脾氣爆躁，經常加以責罵，近期某次訓斥，破口大罵，更做人身攻擊，嚴重損及其自尊心，乃心存報復，利用連長不在空檔，偷拿連長室門後的軍械室和手槍櫃鑰匙，區分三次潛入竊盜得逞，並利用放假時以防寒大衣遮掩，攜回

家中存放。事發之初，聽我現場一番剴切勸導，深感懊悔，本擬尾隨向我自首，不料副旅長一頓痛罵恐嚇，又縮回去了。後來軍團副主任進駐，竟日都在旅長室坐鎮，根本沒有機會接近旅長和政戰處長，喪失自首機會，令人扼腕。

後來，我很同情他的年少無知，以及身世背景的特殊（童年時父母離異，繼母只關心親生的女兒，對他很冷漠，父親是軍人，聚少離多，也不太關心他），乃親自送他到軍團的軍法組，並懇請承辦檢察官體諒他一時糊塗，且無不良動機，希望給予自新機會。本案肇生與事後處理過程，個人和部隊都承受極大痛苦與壓力，是我畢生軍旅生涯最感屈辱、不堪的一段日子，終身難忘。也特別體認到：領導統御是一門高深的學問，部隊管教要落實知官識兵，瞭解弟兄們的家庭狀況；袍澤犯錯，責罰要對事不對人，尊重其人格尊嚴，不可人身攻擊，尤其忌諱發洩情緒而遷怒。此外，重要武器裝備定期、不定時清查，應親力親為，不可假手他人，重要場所鑰匙要親自妥慎保管，絕對不可以大意。

六、整訓：新竹坪埔的任務訓練

　　三指部全名為「海岸巡防司令部岸巡第三指揮部」，是由楊梅師八〇七旅旅部移編，下轄本部中隊、訓練中隊和三個海巡大隊。本部中隊由旅部連轉換，訓練中隊係新編，為基幹。海巡大隊分別由楊梅師步兵第五營、憲兵司令部的憲兵二一二營（陸軍總司令部憲兵營）和二一九營（莒園憲兵營）移編。旅部連、步五營是我原轄部隊，問題不大，倒是兩個憲兵營的軍兵種特性迥然不同，他們對新單位、新任務的適應力如何？兩種性質差異很大的部隊如何融合？尤其是二一九營在大園的憲兵連（中正機場連），跟本師各部隊為了營外登記違紀等事件，有些不愉快的過節，如何化解？二一二營原係陸軍總部憲兵營，生活、勤務條件都遠較其他部隊優渥，平日見官大三級，備受尊重，是憲兵部隊公認的天之驕子，如今「發配」海邊，直如雲霄墜落塵泥，官兵士氣和心理情緒如何維繫提振？⋯⋯此等事項在腦海盤旋，讓我頗為忐忑不安。

　　部隊移編前必須先實施八週任務訓練，因此，在舊曆年前，編成部隊即陸續到新竹坪埔營區報到，該營區緊鄰關東橋營區（陸軍二〇六師駐地），原係新竹軍軍部所在，新竹軍裁撤後短暫閒置，前兩年南雄師（陸軍二八四師）因「金馬撤軍論」由金門撤回本島，即是移防此地，營舍曾做整修，

屋況尚稱良好。但我倒是對為數頗多的參天大樹印象深刻，可見此一營區歷史久遠，頗具特色。且因同鄉前輩顏忠誠中將，曾先後在此營區擔任過軍參謀長與軍長，更予個人一種特殊的感覺。

任務訓練訓期，包含年假與整頓時間概計三個月，此期間，我們同時有兩個上級單位，一個是原建制的二六九師師部，另一個則是新婆家：軍管區司令部所轄臺中師管區司令部（兼中部地區海岸巡防司令部）。老上級跟我們的關係，主要是旅部和步五營武器裝備的交接問題，他們希望不分妥善與否，都能現況交接，因此威脅利誘，好話、醜話說盡，希望我把所有家當都帶到海邊，其理由是裝備好壞是單位自己的責任，裝備不妥善是平日疏於維修，事到臨頭，不要通通推給師部。新東家中巡部則希望新編單位要有新的氣象，一切從頭開始，不要將原本的問題轉移，因此嚴詞告誡，並派出大批人馬驗收監交，逐件拆解檢查，嚴令非妥善裝備一律不得移編。兩個老闆我都得罪不起，感覺左右兩難。

在情感上，我當然希望能幫老單位解決一些問題，但在理智上，我非常瞭解：此去面對新的編成部隊、新的任務和新的挑戰，如何應付已經相當艱鉅，絕對不能把一些有狀況的裝備帶到海邊，給自己找麻煩。尤其是海巡部不如陸軍家大業大、後勤體系完整，在補保工作方面，更是大多需要仰賴陸軍和聯勤支援，現在求人幫忙已經不容易，將來更難。

於是，只有破除情面，以委婉的態度，但堅持不能把問題轉移海巡的決心。

師部老長官對我的態度和作法當然不太諒解，少數高勤官更是難聽話都說到鼻子上了，個人也深感無奈（其他兩位移編的單位主官境況與態度，與本旅概同）。所幸軍團李司令畢竟是具有大格局的儒將，眼看雙方爭執不下，親自到高山頂師部瞭解狀況。據說抵達時，目睹要移編的非妥善車輛，沿著營區道路兩側大排長龍，大多已經喪失動力，知道兵凍三尺非一日之寒，問題根本不是基層所能處理，這些失去動力的車輛，即使勉強拖到海邊，除損及陸軍暨軍團的顏面，衍生的危安與戰備問題更大，乃斷然指示：非妥善裝備一律不得移編，帳料與補保等問題，責令軍團後指部與聯勤相關單位協調，限期處理完畢，原本讓移編部隊左右為難的困境，頓時撥雲見日，迎刃而解。世事難料，沒有想到幾年後，李先生也高升軍管區兼海巡部司令，他當年的寬厚與睿智，無異於是幫了自己一個大忙，事事物物的因果循環，真是難以逆料啊！

整訓期間，軍兵種觀念與習性的磨合是第一個考驗，尤其是對憲兵部隊的領導更是充滿挑戰，所幸兩位憲兵營長（嗣後改制稱大隊長）陳金農和吳重河，都是深明大義的優秀幹部，能堅持軍人的基本信念，認知到大家從今以後就是生命共同體了，皆能全力配合指揮調度，服從指揮部的領導。 61

而個人對兩個憲兵營的領導，也與原建制的步兵營一般公平對待，沒有任何差別待遇，甚至在管理上，也兼顧軍種差異而保留彈性。特別是步五營營長楊恆忠中校（陸軍官校五十期，曾擔任後備司上校參謀），是一位非常均衡的幹部，真誠勤勉而隨和，力勸所屬各連官兵放下對憲兵機場連（憲兵二一九營第四連，連長沈坤宗上尉）的恩怨，彼此和睦相處。因此，步五營在楊營長領導下，很快就跟兩個憲兵營打成一片，彼此合作無間。各級幹部的融合，對於三指部團隊意識和精神的凝聚，以及後續共同執行任務，確實發揮很大的作用。數十年來，個人對當時三位營級主官的優良軍人素養，不分軍種兵科畛域，放下一切偏見與本位主義，唯新編部隊的榮譽和團結是從，從而凝聚塑造團結和諧的三指部，充滿敬意與感激。

三指部在編制上隸屬中巡部，但整訓期間卻受北師部（北巡部）督導指揮，同時接受督導指揮的還有其本身轄下的一、二指部（集中在桃園不同的營區接受任務訓練），北師部司令傅丙仁中將和政戰主任林德政將軍在管理與要求上，對我們一視同仁，並無私心，讓我們可以安心接受任務訓練，傅司令更多次在不同場合，公開表揚三指部的優點與獨特作為，結訓成績也毫不循私的給我們最高的評價，其胸襟器度令人感佩不已。

接替海防的任務訓練課程，主要是講解新修訂的海岸管

制條例，教導反走私、反偷渡、反突擊等任務的執行要領，重點則在於軍法紀的教育。我記得其中有一節課是收視名為「悔」的影片，該影片是敘述警總時期，中部地區某海防部隊與私梟勾結，包庇走私，涉案各級幹部被審判與槍決的過程，據說是真實的錄影而非演戲，因此引起官兵極大的震撼。其實，這部紀錄片我在海防營長任內，即已陪同所屬官兵收看過多次，其中部分情節頗為殘忍，某次新進弟兄利用早點名時間收視，看到罪犯槍斃前喝高粱酒、吃豆乾、滷蛋的鏡頭，早餐時的滷蛋幾乎沒有人敢吃，丟得滿廚餘桶都是。後來，因為影片的內容不符人權的要求，已經禁止播放。在那個亂世用重典的年代，為了振聾發聵，警示來茲，那顧得了什麼人權？！

在整訓時，我要求各大隊無論內部管理、教育訓練、軍紀安全與後勤整備，必須存誠務實，穩步前進，不求近利，不做虛工，一切唯法是從，依法行政，公款法用。各項任務，做得到的，要全力以赴，努力達成，做不到的，要誠實報告、意見具申，不要隱瞞或虛偽造假，更不可以用不正當的手段爭取績效，扭曲正當的目的。嗣後在個人任內，各部隊的軍風紀表現，大致能達成此一要求，沒有發生重大的憾事。擔任基層軍事指揮官，對於所屬官兵的拔擢與照顧權限，能力非常有限，最基本的指揮道德，是讓他們不至於誤蹈法網、可以平安的退伍，回歸家庭。

此期間，特別感謝臺中師管區兼中部地區海岸巡防司令部司令湯先智中將的遠見與準備，為我們接替海防任務奠定了厚實的基礎。據悉他在民國八十一年八月受命接替中部地區海防任務後，即對當面陸軍暨海軍陸戰隊（中巡部下轄三、四指部。三指部由二六九師編成，接替陸軍二九二師防守正面，指揮部位於苗栗通霄。四指部由一一七師編成，接替海軍陸戰隊防守正面，指揮部位於嘉義布袋）海防部隊現況，進行全面調查瞭解，據以整體擘劃接防事宜。他動員所屬七個縣市（苗栗縣、臺中縣、臺中市、彰化縣、南投縣、雲林縣、嘉義縣市）團管區司令部，從事通信、運輸、陣營具等行政後勤裝備的籌措與檢整，待命前推支援。並賦予臺中縣、苗栗縣團管區司令部專責，全力輔導並支援三指部。接防前後，臺中縣司令譚銘勤將軍（陸官三十八期學長）的寬厚無私、苗栗縣司令劉雨勝上校（陸官四十二期學長）的積極任事，皆貫徹湯司令之指示，全力輔導、支援我們，尤其是譚司令對我們愛護備至，雖時隔近三十年，個人依然銘記在心，充

▲中巡部司令湯中將視導三指部部隊

滿感恩與感謝。

因為湯司令的前瞻擘劃與準備，在我們翌年（民國八十二年）四月初機動前往海邊接替任務時，指揮部和各大隊已經擁有由師管區與各團管區抽調的機動通信系統（101V），以及得利卡旅行車改裝的機動指揮車，還有指揮部和各營連級主官的督導用車（日產 1.3 自用車，軍中暱稱為「小青蛙」）。所有的 101F、101V、101P、102P 等無線電通信機都已完成檢整，電池充飽。最令人感動的，是湯先生強力要求各團管區釋出庫儲的陣營具，包括內務櫃、公文櫃、保密櫃和桌椅等設備，且皆已完成除鏽噴漆、修理完善，然後按照各大中隊需求，在我們接防前夕，皆已主動配送到駐地。海巡司令部則斥資將各據點的電視、錄放影機、小型音響、冰箱、開飲機和卡拉 OK 等各種康樂器材等，全面汰換，大幅改善戍守海邊弟兄的生活條件，讓新編的海巡部隊有著完全不同的感受。

湯司令領先反應的卓越眼光、前瞻主動的作為，命令貫徹的執行力，替我們排除了接防後的諸多困難。這些優越的作為，對於個人往後軍旅生涯帶兵、練兵，乃至用兵，都有著「備周力強」、「凡事豫則立，不豫則廢」、「深謀遠慮則成，領先反應則勝」等諸多寶貴的啟示，影響至為深遠。

七、交心：一場特別的慶生餐會

　　三指部納編一步兩憲三個營級單位編成，在八十二年元月初集結完畢，開始任務訓練。個人從來沒有帶過憲兵部隊，對於其特性瞭解有限，僅知道士官兵歷經篩選，有學歷、身高限制和品行查核，素質很整齊，部隊榮譽感和凝聚力很強，但學長制也根深柢固，其他就一無所知了。雖然當過憲兵二○二指揮部指揮官暨憲兵司令部參謀長的湯司令，曾經叮嚀我：「假如憲兵部隊敢不服從命令，要即時報告，我絕對有辦法處理。」但我想：身為指揮官，自己的部隊帶不好，還要勞駕上級長官出面撐腰，幫你收拾殘局，是多麼難堪而不光彩的事啊。話雖如此，如何把他們帶好，對我本人暨來自陸軍的幹部，無論怎麼說都是一項挑戰和壓力。

　　元月底，是全指揮部的慶生會，也是春節前的會餐，原本應該由我親自主持，不巧楊梅師師部臨時通知，下午要到高山頂開會，副指揮官也去處理裝備維修的問題，餐會只能由政戰處長藍天虹中校主持。師部的協調會，因為討論非妥善裝備移編問題，過程冗長而火爆，直到黃昏才解散，等我饑腸轆轆回到坪埔營區，慶生會已經結束。根據藍處長回報，餐會氣氛很熱烈，三個大隊官兵藉此相互交流，水乳交融，尤其是大中隊幹部相互敬酒，觥籌交錯，豪氣干雲，三二大隊長陳金農中校（我的金門老鄉）甚至大方拿出多瓶珍藏的

陳年高粱，提供大家一拚高下，三一大隊幹部與三三四中隊（原大園機場憲兵連）沈坤宗隊長，在酒酣耳熱之際，相談甚歡，盡釋前嫌，相約彼此團結合作，共同達成任務。我對此一餐會居然產生意外的團隊凝聚效果，甚感欣慰。

翌日早晨，我到各部隊視導早點名，各部隊均按規定實施，僅有三三四中隊是由副中隊長主持，陪同的吳大隊長迅速趨前跟我說：沈中隊長臨時重感冒、爬不起來。看到生性耿直的吳大隊長和副隊長說話時神色有異，我回頭看了一下藍處長，他反應很快的接話：「報告指揮官，我們馬上辦理慰問！」就請政戰官拿來紅包，我們倆接著走進中隊長室，隔著蚊帳就聞到濃濃的酒味，我把紅包放進蚊帳內，說了句「辛苦了！祝早日康復。」就掩門步出室外，與藍處長很有默契的相視一笑，一切盡在不言中。

這件陳年舊事，在歷年老袍澤的聚會中，都引為笑談，沈隊長更成為大家陶侃的對象。我當然心知肚明是「宿醉」而非「感冒」，沈隊長也瞭解我們知道事實的真相。我當時與藍處長的默契：他要化解與三一大隊各中隊間的過節，喝酒博命演出，怎能不醉？於公於私皆不宜深究，何況正如《孫子兵法》所云：「卒未親附而罰之，則不服，不服則難用。卒已親附而罰不行，則不可用。」我如當場予以點破，要處分還是不處分？不處罰，爾後如何要求其他部隊？按規定處分，剛剛才納編的憲兵部隊，對我的信賴感還沒有產生，遽

67

施以處罰，不管對錯，恐怕都不會心服口服，原本慶生會營造的團隊精神將大打折扣，領導統御之不易，於此可見。

事隔數月，在年底一個天寒地凍的夜晚，我督導臺中港周遭的班哨，結束時請陪同的吳大隊長和沈中隊長（當時已晉升為該大隊少校作戰官）到臨港大道吃羊肉爐暖暖身，沈少校

▲擔任陸軍官校校慶典禮指揮官

特別提及此一往事，他說：「我們憲兵部隊都在說，假如指揮官偏心，對我們不好，那麼我們大家就一起『叛變』了，（意思是看著辦、不理你），你奈我何？後來發現你對各部隊一視同仁，弟兄們都建立了向心力……」這算是大家彼此交心、肝膽相照。也顯現領導統御是一門藝術，要因時因地而制宜，才能收攏軍心，共同達成任務。

八、鬧房：新竹看守所鬧房事件

　　三指部整訓期間，坪埔營區發生了一件與我們部隊關係不大、卻讓個人終身難忘的大事。在坪埔營區最偏僻的一隅，設有一座由六軍團管轄的看守所。那是一棟兩層樓的制式兵舍，布滿厚實的鐵窗，四周圍以厚厚的高牆和刮刀式刺絲網，形成範圍不大的封閉型空間。平日鐵門深鎖，戒備森嚴，偶有憲兵或車窗緊閉的囚車出入。基本上，我們的部隊很少接近那塊區域，我本人也僅在入駐之初勘察環境時，不經意路過。

　　過年前，該所被羈押的囚犯因為年節迫近，心緒不穩，加以不滿監管憲兵的管教（包括限制抽菸數量、縮短放風時間和言語刺激等），受少數人搧惑、鼓動，爆發嚴重的鬧房事件。囚犯們趁著上午放風結束的回房時間，在領頭份子一個暗號指揮下，所有犯人一起衝到二樓，用桌椅、牀架和內務櫃堵住中間上下的樓梯，撕開牀單遮蔽窗戶，讓外界無法看見樓上人員的動態。他們非常有組織和默契，一面高聲對外喊話，痛斥所方的管教不當，一面齊吼「搖囉！」大力搖撼牀架、敲擊牀板、牆壁、桌椅和窗戶，配合著齊聲吶喊示威，一陣勝過一陣，氣焰囂張。他們並且破壞門鎖，竄至樓頂平臺，在屋頂燃燒棉被與雜物，企圖以熊熊火光和濃煙，引起不遠處縱貫鐵路列車乘客和高速公路行駛車輛的注意，

場景極為混亂與緊張，迭經監管幹部婉言勸說或厲聲制止，毫無效果。嗣後，驚動了軍團等上級單位，軍團副司令高安國中將親臨現場坐鎮指揮，實施柔性喊話，卻引來受刑人的兇狠回嗆和言語威脅（註：記得他們是以東部某管訓單位囚犯（被管訓隊員）鬧事，引燃營區建築，燒死多位囚犯，並導致一位將級軍官殉職的前案相威脅），眼看安撫無效，軍團陸續加派憲兵等部隊支援，國防部、陸總部等相關單位，也都次第趕抵現場，除隔空對話、溫言勸解，安定囚心外，並策動家屬以電話播音勸導，或在現場以擴音器隔空溫情喊話，然而，隨著夜幕低垂，對峙雙方依然僵持不下。

入夜前，我們的部隊奉命擔任外圍警戒，官兵持齊眉棍或圓鍬柄，將看守所團團圍住，防止囚犯乘著夜色鑽隙逃逸。我想鬧事者應該不瞭解：此期間恰有兩個憲兵營、一個步兵營在營區內整訓，其成功越獄的機率是零，否則不會冒然鬧事吧。這個事件一直鬧到午夜，此期間軍團一直在做各種努力。後來，由於幾位帶頭犯人的家屬，扶老攜幼，到場哭哭啼啼，加以軍團分化刑度輕重不一者，答應嚴查不當管教問題，追究相關幹部失職責任，對於此一事件將從輕發落，連哄帶騙，有效瓦解囚犯頑抗的凝聚力和決心，時過午夜終告落幕。

在雙方取得協議後，憲兵將一、二樓間的樓梯障礙物逐一排除，並要求囚犯成一路由二樓魚貫而下，在看守所內的

集合場一排排席地而坐。此時，每個人都垂頭喪氣，像鬥敗的公雞，比起鬧房時的兇狠模樣，判若兩人。據悉渠等大多數人犯行都是吸毒或逃亡等輕罪，被裹脅加入抗爭鬧房，將來提前獲得假釋的機會大為降低，都頗為懊悔，但為時已晚。第二天凌晨兩點多，多輛軍用大巴士開到看守所門口，嗣後，一個個帶上手銬腳鐐、頭垂低低的囚犯，分別由兩個憲兵挾制，秩序井然的分組步上不同的車輛，待全部上車完畢，依照燈號指揮揚長而去，據說是分散到其他軍事看守所或監獄，以防再次集結鬧事。當各車絕塵而去，車尾燈快速消失在夜色中，看守所厚實的鐵門，發出沉悶的聲響，猛然關閉，只留下空空蕩蕩、靜默無聲的囚舍，以及強光探照燈掩映下的死寂和黑影。此時，我們的警戒部隊也奉命撤離。

　　時隔近三十年，軍法體制被廢止，軍法檢審單位被裁撤，軍事監所也不復存在。坪埔營區已經被徵收開闢成新竹科學園區，拆除淨盡，更是無跡可尋。但那午夜敲擊腳鐐鉚釘「噹！噹！噹！」的鎚音和囚犯絞鍊拖地、劃破夜空的尖銳聲響，彷彿仍在耳邊，受刑人艱難跨步、蹣跚而行的身影，強光與黑幕截然分劃的情景，清晰如昨，正邪殊途，歹路不可行啊！我想那一幕，對我們的官兵無疑也是終身難忘的經驗。

九、不捨：破落的眷村

　　整訓期間，我利用假日留守的時間，沿著營區周邊勘察附近的環境。坪埔營區旁邊就是有名的「血濺關東橋」的新訓師：二Ｏ六師，師長是陸軍官校三十六期的黃雲生將軍，黃先生是一位隨和寬厚的長官，我們部隊剛集結進駐時，我曾前往晉見，蒙其給予諸多寶貴指導，不意數年後，我調金防部第三處處長，黃先生隨後也調金門，接替張林生中將的副司令官一職，成了我的直屬長官，國軍的圈子真的好小，轉來轉去總會碰頭。

　　關東橋營區旁邊有一個眷村，時間久遠已經不記得村名。走進眷村，眷舍大多非常狹窄、陳舊破落，巷道寂靜落寞，舉目盡是白髮蒼蒼的老人，感覺很淒涼。當時眷村全面改建案尚未啟動，一般眷村儘管簡陋，但管理良好，與此一眷村的狀況迥然不同，是準備隨同坪埔營區一起拆除，改建新竹科學園區嗎？還是有其他原因？我不瞭解，但破落的眷舍群，對映著鄰近竹科前期的新穎建築，對比強烈，讓人不勝唏噓。早年政府對軍人與軍眷的照顧真的太有限了，如今其實也沒有進步多少，比起先進國家還有很大精進空間，尤其是在以募兵為主的兵役制度下，更需要重視官兵眷屬的安頓，「部隊安全、軍人安家、軍眷安心」的三安政策，不是口號，更不能流於形式。

▲ 眷村概況（非作者所見之眷村）

　　此外，近日偕內人到左營參加海軍官校校友會的元旦升
旗典禮，午餐後參訪由「明德新村」整修，對外開放參觀的
所謂「眷村文化園區」，眷舍寬敞、窗明几淨，設施完備，
甚至被活化當民宿高價出租。其實這些少數的眷舍，是日據
時代高階軍官的官邸，國軍接收後，做為將級主官（管）眷
舍，與國軍自建的絕大多數竹籬笆眷舍之狹窄、擁擠和陰暗，
判若雲泥，也與我當年所見的眷村，相差千里遠。此種眷村
文化園區，會不會扭曲、掩蓋了當年眷村困窘的真相？刻意
美化了昔日軍人、軍眷的清貧生活？其影響允宜深思。

十、節制：結訓前的聚餐

　　民國八十二年三月底，我們的任務訓練進入尾聲，政戰處藍處長建議：結訓後，各部隊分赴駐地，此去各奔東西，相聚無期，不可能再將全指揮部收攏，齊聚一堂，希望善用長官慰勉金與伙食結餘，辦一次結訓餐會。我斟酌再三後，也覺得言之成理，的確有此必要，一則凝聚各大隊的向心力，鞏固團隊精神，再則歷經近三個月的訓練，也應慰勞慰勞大夥的辛苦，乃責成政戰處與辦伙單位，妥善規劃餐會的各項事宜。

　　政戰處原本透過相關系統，申請軍管部的「白雪藝工隊」在餐會上表演，鼓舞官兵士氣，惜乎與該隊任務時間牴觸，且從臺北到新竹，交通問題煞費周章，該隊婉拒支援。嗣後，步五營有一位家住彰化和美的回役弟兄，其姊夫經營一團巡迴各喜慶、廟會表演的歌舞團，渠願協調免費到部勞軍，與官兵同樂。該日餐會不巧又逢楊梅師師部召開會議，原任副指揮官被調往澎湖七指部佔上校缺，職務暫時出缺，乃責成政戰處長主持。據藍處長事後回報，餐會在歌舞團助興下，場面出乎意料的熱烈，弟兄們更顯現出年輕人的活力與創意，參與表演。

　　該歌舞團平日應邀在彰化、雲林和嘉義等海線各喜宴、

廟會場合表演，一向較香艷刺激、敢玩敢露，表演節目也很草根、坦率，輕歌妙舞，很接地氣，能掌握年輕人的喜好，應合其脾胃，是以現場非常嗨，歌聲、笑聲、掌聲和鼓譟聲，幾乎將屋頂掀翻，據說有幾位原高燒不退等原因在醫務所留觀的弟兄，也忍不住偷偷跑到餐廳旁觀，跟著起鬨。節目越到尾聲，舞者衣著越來越少，表演也愈加香艷撩人，於是底下紛紛鼓譟「脫掉！脫掉！」的聲浪一波接著一波。眼見場面可能失控，逾越法紀的規範，藍處長堅持底線，通知歌舞團舞者必須遵守三點不露的紅線，弟兄們當然頗為失望，但法紀不容挑戰，在一個有訓練的節制之師更為重要，不是嗎？此一案例，讓我對藍處長的有為有守、當為則為，不當為則止的領導統御能力，印象深刻，此後益加肯定和倚重。

在往後的軍旅生涯中，常見媒體爆料：有些友軍單位辦理類似活動，因為主事者在過程中，忘其所以，或迎合群眾鼓譟，未能嚴守立場、掌握分寸，致場面失控，發生違反法紀事件，在媒體刻意放大、扭曲報導下，輿論譁然，引起各界撻伐，嚴重影響軍隊榮譽與形象，實足警惕。

第二部

實打實戰在海巡

十一、接防：一群「倒楣鬼」的任務接替

民國八十二年三月一日，海巡司令部的編成典禮，顧慮天候的影響，在桃園龍蟠營區的中正堂舉行，由參謀總長劉和謙上將主持，程序有授旗、授印等儀式，記得是由北巡部司令傅丙仁中將代表上臺接受新編部隊的軍旗和印信。參加典禮的官兵代表，都穿著繡有海巡臂章的新發草綠服（當時淺藍色上衣、深藍色長褲的海巡制服尚未發放），全副武裝，早早就到達場地。我帶著指揮部旗幟和三位大隊長一起參加典禮，其他細節時遠已不復記憶。

授旗授印典禮後，還有將近一個月的準備時間，各部隊持續完成各項訓練和接防準備。接防前一週，我們派出先遣到海邊，與苗栗師和楊梅師原駐防單位，先行協調各項交接事宜。指揮部與各大隊分別實施圖上推演，接著各車隊的領隊、駕駛和交管哨，實施行軍路線的現地勘查。

三月三十一日凌晨，本部兵分三路縱隊，以三三大隊在左（東），指揮部暨直屬部隊、三二大隊在中，三一大隊在右（西），分沿臺十三、臺一和臺十七（濱海道）等道路，以汽車行政行軍方式，分別向臺中港、苗栗通霄和後龍龍港方向機動，並實施分進。各部隊車隊井然有序，在當地憲警暨本身交管哨指揮、引導下，靜默的開往海線，因為路程很

短，且皆經白天的現地勘察，是以，都能按時順利在拂曉前抵達目的地，次第完成海防接替的任務，並逐級向指揮部回報，指揮部也循主官、戰情、政戰等三大系統，向中巡部回報。

我們的指揮部在苗栗通霄營區，是原來苗栗師海防旅旅部所在，也是我擔任營長時的上級指揮部，因此，對我而言可謂駕輕就熟，一點也不陌生。三個大隊的各級幹部，則絕對多數是初到新環境，都要重新進入狀況了。苗栗師海防旅的旅長，是高我三個年班的學長，還算客氣，配合良好。但當我踏入旅部接待室時，該師督導的高勤官已經高踞在中央的主位，劈頭就對著全副武裝的我說：「黃奕炳，你們這一批倒楣鬼，被移編到海巡部，吃力不討好，將來大概就要被犧牲了！」這位長官在陸軍素以執行力強但心直口快著稱，講話做事直來直往，坦率乾脆。我瞭解他完全沒有惡意，但那種事情剛剛起頭就被唱衰、潑冷水的感覺很難受。我敬禮後聳聳肩、勉強擠出一絲笑容回答：「謝謝長官關心，我會盡力帶領部隊達成任務的，希望貴師爾後多多關照。」他也沒有客套，簡單叮囑了幾件應注意事項，就搭車離去，看著他跨步離開的高大身影，感觸頗多，往後的工作與發展如何難以逆料，卻激起我不服輸的鬥志，更加堅定站穩腳步、把事情做好的決心。

事隔數年，沒有想到會在金門再次碰到這位長官，其時

我已晉升少將，擔任烈嶼守備區指揮官，而他可能已經忘了那件往事，倒是快人快語的風格依舊，讓人難以消受。回首前塵，個人自忖：人生的際遇事事難料，塞翁失馬，焉知非福，當年陸軍移編到海巡的學長、學弟，後來的發展都還算順利，第一批巡指部指揮官：孫健萍、關關豹、江明、上官怡偉等學長和我，都晉升到將官，至於第二梯次的徐材霖、畢學文、賀忠文等學長，也皆受到重用，可見事在人為，更何況正如老長官李建中將軍所言：擔任一個領導者，有著比升遷發展更重要的責任，要保護自己的部屬，率領他們達成任務，這是我們不能割捨的指揮道德，更沒有懷憂喪志的權利。

此外，個人曾有海岸巡防的經驗，瞭解此一任務的複雜性和風險。因此，我叮囑所屬部隊的各級幹部，在抵達駐地後，務必先求「站穩腳步，摸清駐地週遭環境、風土民情等相關狀況」、「以安頓內部為首要，行有餘力，再拚查緝績效」，這一個指導，與鄰接指揮部要求搶爭功績、力求表現的策略恰恰相反。事實上，兩者造成的初期效果，的確落差頗大，我也遭受到上級查緝業管單位不少的壓力，畢竟他們需要實打實的績效，來彰顯新編部隊存在的價值，揭示專責單位與陸軍步兵營的差異。中巡部業管處長甚至以友軍的表現，出言相激，他說：「黃指揮官！按照你們的表現，三兩下就被四指部比下去了，將來會很難出頭。」但我不為所動，寧可忍受嘲諷與激將，堅持先求穩定、次求發展的做法。

個人當時的想法是：我們的部隊剛剛完成整訓，新來乍到，內部尚待培養默契、觀念溝通與查緝作業磨合，外部則須面對新的任務、新的環境，與地區內的情治、國安單位完成協調，千頭萬緒，都有待時間摸索、調查與評估，在這種情況下，如果冒然強求下級部隊要拿出查緝走私偷渡的績效，非常可能產生負面的效應，上焉者費力而無功，疲勞兵力，荒廢其他事務；其不肖者，則可能為達目的不擇手段，鋌而走險，做出糊塗事來。後來事情的發展，也確如我先前所研判，友軍為搶績效，掉入私梟的陷阱，大隊部級幹部被脅迫做出傻事，發生「抓小放大」的勾結憾事，不僅當事人身繫囹圄、家庭破碎，更造成軍譽與軍人形象的重大傷害，其損害無可彌補。所幸中巡部迅速獲得基層反映，立即展開偵辦，堵住地區的治安死角，算是不幸中的大幸。因為這個經驗教訓，在往後的軍旅生涯中，我時時告誡自己：「軍中之事，務必步步踏實，不可急功近利，賦予部屬任務，要給予正確指導和充分支援，不可超越其能力所及，否則將造成無可挽回的災難。」友軍發生的違法案件，當事人法紀觀念淡薄、定力不夠，固然難辭其咎，但其直屬長官不顧客觀條件是否成熟，勉強下級單位追求超過能力以外的績效，是否有「我不殺伯仁，伯仁為我而死」的內疚？

十二、偷渡：暗黑勢力的接力突襲

　　部隊接防後，個人內心頗為忐忑不安，因為依常理研判：我們剛剛接替海防任務，私梟、蛇頭必然會有所動作，給新來乍到的新編部隊下馬威。我特別提醒各級幹部務必提高警覺，嚴防各種可能的狀況。因此，三月三十一日入夜後，大家繃緊神經，全面防範走私偷渡。竟夜責任區海面上迭有可疑船隻進出三海浬範圍，其中以臺中海域較為活躍，但經嚴密監控，並未進入禁制水域，只能以平面雷達和望遠鏡密切監視。不意翌日（四月一日）拂曉，竟在竹南崎頂海水浴場北側青天泉（苗栗縣與新竹市的交界，也是海巡二、三指部的責任地境線，旱季是一條乾涸的山溝，雨季則成潺潺小溪，很少人知道它，我問過很多苗栗的在地人，他們都不曉得有這個地名）前方海灘，發現一艘擱淺的小型木殼船，人員都已不見蹤影，這顯然是一宗經過精密盤算、聲東擊西的偷渡事件，先在臺中海域施放可疑徵候，轉移守備部隊注意力，然後刻意選擇在兩個指揮部銜接處，藉著南寮漁港頻繁進出的我方漁船筏掩護，乘夜暗上岸。

　　我接獲回報，立即指示龍港大隊封鎖鄰近區域各個交通路口，對可疑的人車進行盤查，並投入機動中隊，由濱海公路向海岸方向壓縮，進行地毯式的搜索，也通報二指部協力監控南寮漁港的進出路。經過嚴密搜索，在防風林、附近村

落和路口逮捕十二個偷渡客，另有六人已逃逸無蹤，未能全數緝獲，宣告任務失敗。因為經驗不足，兩個鄰接單位未能交叉辨證，沒有精準掌握可疑船隻動態，制「敵」機先，中巡部和海巡部業管單位非常不諒解，頗多責難。我雖深感挫折，但也體諒崎頂中隊經驗有所欠缺，實屬非戰之罪，仍然耐心指導後，繼續追緝作為，並未予以責備或遷怒。

湯司令接獲報告，親自到崎頂中隊聽取報告，並未責難。且唯恐此一事件重創三指部的士氣，特別指示政戰主任吳將軍前來慰勉，發給獎金，愈增個人內心的愧疚。當天入夜後，苗栗海域非常不平靜，陸續有可疑船隻光點快速、頻繁進出外埔、海寶、海灣附近禁制水域，行跡極為可疑。湯先生親臨苗栗外埔海寶雷達哨，瞭解海域狀況與部隊部署，及時發現有一個光點快速由海上切入，倏即消失在中港溪河口附近，經機動部隊散開搜尋，並無所獲。湯司令在現場做了一個指導：「在防風林裏要搜捕一頭豬已經非常困難，何況一個人闖進廣疇的防風叢林，要逮捕，更是難上加難，因此，在反制作為上，要採取機動部署，兵力前推，拒止並捕捉偷渡客於水際灘頭，不能跟隨蛇頭的動作而反陷於被動。」此一指導，點出了海岸巡防任務的困難，以及其執行時成敗的關鍵，讓我們在往後的反走私、反偷渡和反滲透等工作上獲益匪淺。

中港溪口搜捕未果，我研判又是蛇頭的聲東擊西、調虎離山之計，乃將兩個機動中隊重新部署至通霄迄臺中港之線，

並指導三二、三三大隊提高警覺，嚴防走私偷渡。果不其然，四月二日清晨四點多，五甲東雷哨發現一艘快艇快速切入大安溪南岸的大安海水浴場，停留數分鐘後，旋即迅速脫離，往外海飛快駛離，判斷有偷渡客上岸。接獲報告後，個人即要求五甲東、溫寮據點補休人員，通霄（三二）大隊北汕中隊機動班緊急集合，朝大安海水浴場方向機動，先封鎖各進出路口，並盤查可疑的接應車輛，有效拘束，防範偷渡客乘隙逃逸，嗣由三三三、三三四機動中隊趕抵大甲，沿著大安漁港東側的縣道與產業道路，向西展開壓縮圍捕，結果陸續在北汕海堤附近的農地工寮、雜樹林、草叢和地隙旱溪，查獲二十八名年約二十至四十歲，已換好乾淨衣物的偷渡客（他們的行李都用防水膠袋包覆，防止打溼，一上灘岸即換上乾燥的衣物，並將溼漉漉的衣服棄置防風林等隱密處所），其中有八名是女性，操閩南語口音。此次查緝任務，雖然未能在灘岸即予全數緝獲，但因雷哨判斷正確、及時通報，中隊機動班控領關鍵路口，兩翼據點不待命令，快速應援、向心壓縮，機動部隊反應機警、行動迅速，故能嚇阻接應人車行動，在偷渡上岸地點附近即將偷渡客一網成擒，應該算是成功的案例。

　　本次迅速摧毀偷渡企圖的行動，顯然並未真正粉碎蛇頭們的企圖與行動。四月三日凌晨，通霄灣雷達哨回報：有光點在三海浬處徘徊不前，行蹤可疑，已加強監控。嗣後該光

點直線向海岸突進，原來是一艘大型黑金剛快艇，以通霄火力發電廠不斷閃爍的高大煙囪防撞警示紅燈為目標，快速直駛而來，因為正值漲潮時間，偷渡客在通霄溪口與通霄海水浴場間的水域跳下船，紛紛涉水或泅渡上岸，因為通霄海水浴場緊鄰臺一線與通霄火車站和市區，偷渡客登岸後，很快就竄入市鎮，所幸指揮部、勤務中隊、訓練中隊與三二大隊部、警察通霄分局等單位都近在咫尺，不待機動部隊抵達，即封鎖通霄火車站、客運站、臺一號道、苗一二八號道，以及各個重要產業道路，阻絕渠等向苑裡、白沙屯和烏眉、銅鑼方向逃逸，並壓縮包圍圈。機動中隊投入後，加上後備軍人輔導中心、後憲組織協助通報與圍捕，在通霄菜市場、火車站、虎頭山公園、以及各道路口，陸續緝獲偷渡客，甚至有通霄鄉親親自將偷渡客扭送指揮部，指揮部財務士陳榮俊下士（現在已經是臺北有名的會計師）洽公返部，巧遇三名陌生人在通霄車站附近徘徊，探詢要如何前往臺北，陳士警覺口音有異，研判為偷渡客，即誘騙共乘計程車，一車四人，逕致急駛火車站後方的指揮部歸案。

當天午後，所有偷渡上岸者全數就逮，經偵訊瞭解，本案係一艘黑金剛快艇共搭載四十二位偷渡客（男女人數各若干已不復記憶），前一天入夜後，由平潭出發，航渡方向指向苗栗通霄高聳的電廠煙囪，原以為最危險的地方最安全，擬直搗黃龍，由鄰近指揮部的通霄溪口滲透進來，但被雷達

哨和南勢、通霄溪據點的監視哨查覺，用探照燈照射搜尋，因狀況有變，船長連忙驅趕所有偷渡人員下船，偷渡客在人生地不熟的狀況下，四處逃竄，才會闖進通霄市鎮，錯過預置接應的人車，陷入重圍。後來情報官偵訊，發現有部分人身上帶有一張簡單的寫景地圖，基準目標赫然就是二十四小時閃爍紅燈的電廠煙囪，另有抵臺後的連絡電話。可見這些偷渡案件，都是島內蛇頭籌畫、裡應外合的犯罪集團所為，他們選在新編海巡部隊剛接防、狀況不熟的當兒，連續、密集的選在苗中地區三個海水浴場附近偷渡上岸，無論是兩個指揮部接壤處、直搗核心區，都是經過精心策劃，且具挑釁性，企圖打擊海巡部隊士氣、給剛剛接防的部隊下馬威，其目的昭然若揭。

三指部雖然在竹南的偷渡案反制局部失敗，但後續在北汕和通霄地區則發揮軍警、民眾同心協力，迅速全數予以緝獲，不僅狠狠打擊私梟、蛇頭的刻意挑釁與囂張氣焰，產生重大震懾作用，更在短短三天時間內，針對實際狀況實地操兵，磨練出各部隊執行反制任務的模式，迅速建立官兵的查緝信心，這恐怕是走私偷渡集團所始料未及的吧。此外，面對私梟三天密集的突襲，湯司令的信任與鼓勵，也賦予三指部所有官兵達成任務最大的底氣。

此外，本部緝獲偷渡客，通常會集中於最近的班哨看管，由情報官和保防官做簡單偵訊，偵訊時不忘藉機心戰喊話，

實施認知作戰，請偷渡客轉告親友：苗中地區雖然地形有利偷渡，但新接防的海巡部隊勇猛慓悍、防守嚴密，完全沒有成功的機會，奉勸不要心存僥倖涉險，徒然浪費時間和金錢。此一「規勸」小動作看似簡單，卻發揮很大的威懾效果，是以每每在偷渡案發生後，海岸線總會有一段較為平靜的時間。

俗話說：有實力才會有底氣，以反制成效為憑藉，才是對海岸犯罪的有效嚇阻。

◀ 海巡三指部三三大隊機動中隊破獲偷渡案

▼ 海巡三指部三三大隊破獲走私案（1994）

看海的日子：寫我海巡弟兄們

十三、挑戰：全力拚搏的一夜精神

新接防區，事情千頭萬緒，除了要應付外在私梟、蛇頭挑釁式的騷擾與犯罪行為，內在的實地訓練、內部管理、後勤支援、環境整理和人心安頓，也遭遇很多不大不小的問題。所幸在各大、中隊通力合作下，都能逐一克服困難、達成任務，有幾次面對挑戰勇敢拚鬥，終底於成的事例，讓我終身難忘。感謝所有參與任務執行的袍澤，大家努力的過程，是一道道美麗的風景線。以下謹列舉這些奮戰不懈的主要事例如後，其中印象最為深刻的一夜精神發揮極致，便是「崎頂據點的面目一新」。

本部成軍後遭遇的第一個挑戰，是迎接海巡部司令王若愚上將的首度視導。王司令曾經歷練國防部人事參謀次長，主管國軍人事和內部管理等業務，據說他在視導各部隊時，有一套由外而內、由大到小的獨到方式，不是做做表面工夫可以隨便忽悠過去的。此次視導由北而南，已經先看過一指部，接著視導二指部的單位，因此安排到本部的行程，第一站就是緊臨二指部南寮中隊的崎頂據點（中隊部），這也是王先生視導中部地區（中巡部）的第一個單位。兩個不同單位，同時展示在長官暨總部重要幕僚面前，部隊經營成效如何，相互比較，高下立判，所建立的第一印象影響深遠，極具指標性，因此中巡部暨本部都極為重視。

該營區位於竹南崎頂海水浴場的南側，是一個中隊部兼監視哨的重要據點。由於先前戍守的部隊交接在即，疏於經營，營區外圍與周遭的防風林裡，充斥著垃圾與廢棄物，做為阻絕的鐵絲網歪七扭八、嚴重鏽蝕，甚至糾結斷裂，與長草灌木交纏不清。營舍年久失修，老舊破損、牆面斑駁，內有多處壁癌，從老警總時代迄陸軍戍守等各個時期，部隊所布的各種線路，縱橫交錯，蔓纏亂掛，極為雜亂。攀登監視哨的木製扶梯，更是年久失修，搖搖欲墜，弟兄們上下哨險象環生。哨所內的高倍望遠鏡、探照燈等監控器材，也嚴重鏽蝕。最糟糕的，是營區內唯一的一座籃球場，球架鏽蝕歪斜（研判是遭車輛撞歪凹陷，未予鈑平修復）、破爛不堪，籃框脫落向下呈九十度傾斜，隨風哐啷哐啷作響，地坪有多處龜裂和坑洞。營區內其他有待改善的缺失，更是不勝枚舉，如果以百廢待舉來形容，恐不為過。但此時已經沒有時間抱怨或檢討，因為接獲通知的次日，即是中巡部湯司令的預檢，再過一天，王司令就要蒞臨這個哨所了。

崎頂中隊（三一一中隊）在指揮部暨三一大隊部的支援下，修簡報，全力清除垃圾、割掉雜草，把兵舍打掃乾淨，去除壁癌，修補脫漆、保養監控裝備，加固監視哨扶梯等等。說實話，全中隊已經使盡九牛二虎之力，經過一天的整理，營區狀況對照原有破落雜亂的情景，確實有了大幅度的改善。然而，顯然我們對自己的要求實在太過寬鬆了，旁觀者清，

看海的日子：寫我海巡弟兄們

湯司令預檢時非
常不滿意，歷數
重大缺失，當場
勃然大怒，就當
著所有官兵面前
直接喝斥：「黃
指揮官！如果明
天你們以現況迎

▲ 中巡部司令湯中將對三指部官兵精神講話

接王司令視導，過幾天你就準備調差！」我無言以對，深感
羞愧。

　　然而，這絕非自怨自艾或責備下屬的時候，如何動用所
有資源，提高整頓標準，改進所有缺失，才是當務之急。恭
送湯司令離開後，我平復自己的情緒，急調各大中隊主官到
崎頂，心平氣和召開協調會，說明王司令視導本據點的重要
性，分別賦予各單位任務。調派三三大隊兩個機動中隊即刻
北上，集中各單位土木、泥水、電信、油漆和電焊的專長工，
劃分責任，明確分工，並律定完成時間，且通令各部隊保持
高度警覺，防制走私偷渡乘虛而入，以免干擾崎頂中隊的準
備工作，以及次日王司令的視導行程。

　　嗣後，我與三一大隊長楊恆忠中校全程在崎頂中隊坐
鎮，完成缺失改進者，立即回報複檢，有不完善或超出單位
能力者，及時調度資源、給予指導和支援。經過一天一夜的

努力，中隊簡報重新修改製作，營區裏裏外外所有廢棄物、垃圾、雜草，都清除淨盡，清運到竹南鎮公所垃圾場。樹木修剪成形，兵舍與哨所完成刷漆（缺乏經費買水泥漆，外牆塗水泥漿），哨所木梯重新釘製，各項陣營具逐一保養整理，不堪修復者，即後送大隊部報繳。所有的線路，老舊喪失作用者拆除，目前正在使用者，則檢整收納整齊，按照內務教則標準，沿牆壁拐直角拉撐。營區原有鐵絲網全數拆除，由資深的士官，遵工兵教範規定經始重拉，務求標齊對正、符合準則規定。最棘手的籃球架，已無修復價值，乾脆直接電焊拆除，地坪修補平整。據點所有官兵將服裝儀容、個人內務整理好，落實武器裝備保養，除了重要幹部，其他人儘可能維持正常作息，保持飽滿精神和士氣，準備以嚴整軍容恭迎高賓視導。而所有支援官兵以工作進度為導向，負責的項目完工複檢後，立即歸建，尚未完成者，必須連夜趕工，限定於破曉前完成，然後陸續撤離，回到原部隊補休。

王司令視導當天，湯先生提前將近一個小時抵達崎頂營區，先由外而內，繞著整個據點轉了一圈後，回到原本籃球場空空如也的地坪，與作戰處處長張源榮上校站在一起悠閒的抽著菸，對前一天預檢缺失改進的情形，未置一詞，他可能未必全然滿意，但已經看見基層部隊的努力，更何況，事到臨頭，也不是責備人的時機。後來，王司令從南寮南下，到崎頂營區視導，接著又看了本部的幾個據點，都很順利，

逐一慰勉，頒發加菜金。據海巡部陪同的長官私下告知，王先生對我們的表現應該是滿意的，他在二指部某據點可是說了重話，差點連加菜金都不給，在三指部的行程，看得出來心情頗為愉悅欣慰。湯先生陪同視導時，適時向王司令補充報告各據點接防前的狀況，盡力美言，凸顯基層部隊在接防後努力的成效。

感謝湯司令的雷霆之怒，讓三指部能發揮潛力，促進各大、中隊團結合作，在將士用命，群策群力的情況下，我們展現誓死達成任務的能力，以「一夜精神」扭轉整個不利局勢，建立長官對我們的信心。

附記：軍中之事，本應有計畫、有步驟、有準備，建立可資遵循的作業程序，方為有持續堅強戰力的節制之師。因此，所謂「發揮一夜精神」，宣示的是：在面對非常狀況與挑戰時，展現竭盡諸般手段，貫徹命令、達成任務的決心，彰顯工作創意與執行爆發力，俾在關鍵時刻扭轉不利態勢，獲得最後勝利（成功）。而這種作為，應該是在事關重大、狀況緊急時（尤其是戰時），偶一為之，絕不可引為常態，以免陷入再而衰、三而竭的窘境。崎頂營區整頓案事屬特例，回顧之意，是表彰昔日那些努力以赴達成任務的夥伴。

十四、團結：同心協力達成重大任務

本部在海巡編成時，除了楊梅師原編配本旅的步兵第五營，另外還納編兩個憲兵營。剛開始，我很擔心這三支部隊能否彼此合作無間、共同達成任務。但經過許多重大任務的磨合，解除了我的憂慮。個人非常感謝楊恆忠、陳金農和吳重河三位大隊長，他們都是非常正直、認真、識大體的軍官，相互敬重，溝通密切，許多工作不必指揮部出面，他們一起協調即可搞定。在三個大隊團結合作、共同達成任務上，最明顯的事例，除了前述崎頂中隊部的整頓，還有全國海巡部隊內部管理暨二級廠示範，以及海巡部隊體育競賽這等重大任務的執行。以下再舉「全軍內部管理暨二級廠示範」，步憲部隊通力合作辦成大事的案例。

海巡部隊成軍一年後，海巡部認為內部管理和勤務支援等相關事宜，應該有統一的作法，俾使步上正軌，乃指定中部地區舉辦全軍性內部管理與二級廠示範，中巡部毫不意外的找上三指部。我原本屬意並建議在三一大隊的龍港營區實施，理由是該營區原屬陸軍營級部隊使用，幅員較廣，步兵營級各項後勤支援體系較憲兵完整（步兵營編制有營部連，海巡稱為本部中隊，憲兵營只有勤務排，海巡稱為支援隊），且該營區在陸軍戍守期間，已經改建制式的二級廠廠房，補保運衛一應俱全，在示範準備與執行上，較為省時省力、易

於完成。但中巡部副司令楊耀光將軍認為：海邊的部隊具各種態樣，未必都有制式廠房，選條件最差的單位辦理，其他的單位難找托辭不做，堅持在通霄的三二大隊部舉行。長官的命令自有其著眼點，個人一向認為：任務考驗幹部，幹部達成任務，不願強辯而拂逆其意旨，選擇貫徹遵示辦理。

　　然而，回頭詳細勘查過三二大隊部的情況，才發現問題沒有想像中簡單。三二大隊部所在的通霄營區，原為苗栗師的幹訓班，頂多比照步兵連級單位，幅員狹小，憲兵營部帶勤務排，勉強硬擠，已經很侷促。二級廠補保運衛人員揉成一團，在營區後方圍牆邊加蓋的鐵皮屋作業，因陋就簡，實非得已，如果要建構制式二級廠，恐怕是非常大的工程，短時間內根本做不到。加以該營區除了進門正面的一棟房屋，是鋼筋混凝土的一層樓平頂建築，其餘包括營區左側大隊長室、指揮部醫務所，以及其他兵舍，都是水泥瓦片斜屋頂的平房，屋況很糟糕，我們接防後經過整修，差堪使用，但要給海巡所有友軍做示範，顯然距離標準相去甚遠。尤其是浴室廁所，極為老舊簡陋，地坪仍屬兵工自建舖設的水泥地，積水濕滑，三夾板材質的天花板，更是漏水受潮破損，刷了漆，還是遮不住難看的污漬，怎麼看都不像現代化的設施。此外，營區各年代駐軍層層疊疊架設的各式各樣線路：電源線、被覆軍線、四芯電纜、自動電話線、無線電機天線、電視天線……等等，密密麻麻，彼此雜亂交纏，難以理清，嚴

重影響觀瞻。最麻煩的，還是集合場的泥巴地面，晴天風吹揚塵，地面怎麼掃都掃不乾淨，遇到雨天，坑坑窪窪、泥濘濕滑。客觀來說，這樣一個營區，部隊維持整潔、正常生活，尚不成問題，但如果要擔任全軍示範的重責大任，恐怕還差得很遠很遠！

　　然而木已成舟，事關三指部整體的榮譽，只有選擇面對。因為該一任務，僅僅給予短短幾個禮拜的準備時間，要做的事情又非常龐雜與棘手，指揮部不能袖手旁觀，任由三二大隊自生自滅，必須全體動員，和時間賽跑。我立即召集協調會，把它定位為各大中隊共同的任務，必須一起擔負成敗之責。乃指派副指揮官陳治銘中校擔任召集人，駐點督導全部示範工作的準備。各部隊有錢出錢、有力出力，並協調與我們素來關係良好的通霄、苑裡地區的後憲、後備軍人組織鼎力支援。

　　我和幾位高勤官依照總部頒布的計畫綱要，先研究並規劃整個示範的實施計畫，包括示範項目、場地、執行的程序、步驟、要領，甚至參觀流程，總部長官與友軍人車的引導、停駐位置、接待和午餐等事宜，鉅細靡遺。整個準備工作，採取專人專責、精密分工。工作的分配：行政（後勤）科負責指導所有內部管理與二級廠圖、表掛牌重新製作，各式表冊，技令、作業手冊（準則）的檢整蒐齊、工機具的檢整申領，二級作業人員實作的複訓，陣營具的汰換申請更新，以及內

部管理各項事宜的整備。作戰科負責戰情中心、通信中心設施設備的整理檢查，戰情系統操作程序的複習，以及所有與作戰相關表簿冊的蒐整。政戰處則負責中山室、文康室所有設施、設備與精神標語的檢整。至於其他有關生活設施的修繕、更新，線路收攏整理，都分別賦予專責分工單位執行。原本泥巴地的集合場，則由後憲主任曾新光先生暨後憲幹部、北平餃子館老闆李元鎔先生，協調在地水泥攪拌廠的張老闆，半賣半送提供多車攪拌水泥和碎石，由具泥水匠專業的兵工自行舖設整平。全面動工後，嚴格管制進度，夜以繼日，務期做到最完善的地步。

在準備工作執行過程中，除了後憲、後備軍人組織的協助，以及指揮部先行墊支的經費外，三三大隊非常大方地由福利社盈餘福利金拿出三萬元，贊助三二大隊作雜支。三一大隊及本部中隊則動員所有木作、水電、泥水、油漆等專業工匠，全力協助（註：憲兵部隊都是高中以上畢業，學歷較高，但專業的工匠較少，步兵部隊各行各業的人都有，專業工匠也較多）。在全體官兵不分晝夜共同努力之下，整個三二大隊部從大門、集合場、浴廁到所有二級廠，裡裡外外煥然一新，相較過去陳舊破爛的景象，呈現完全不同的風貌，讓提前預檢的楊副司令深感訝異，對三指部的執行力也刮目相看。

海巡部隊全軍的內部管理與二級廠示範，係由總部業管副司令湯元普中將主持。湯先生是我任職三軍大學時的老長

95

官（湯先生任副校長兼戰爭學院院長時，我在校長室擔任參謀主任），對於示範情況至為肯定，並在講評時特別指示司令部的承辦單位後勤處：在經費上要全力支援，不能讓示範單位出人、出力又貼錢。嗣後，司令部以實報實銷全額補助，我們也不敢獅子大開口，僅就超出能力的支出，呈報支援，其他部分就自行吸收了。

經由此次的示範，我們賺到一個「整舊如新」的大隊部和二級廠，更難得的是展現各部隊同舟共濟、協調合作的團隊精神，樹立克服困難如期達成任務的自信與傳統，各大中隊的幹部也培養出兄弟般的感情，迄今雖然所有人都已經解甲歸田，仍然維持密切的連繫，經常透過 Line 的群組，彼此關懷問候。

再者，凝聚同袍向心力，激勵袍澤團結一心，最有力的莫過於「海巡部隊體能競賽」了。海巡部有鑑於各部隊散布海岸線，體能訓練非常重要。乃策劃舉辦全軍性的體育競賽，藉以推動運動風氣。比賽的項目有大隊接力、拔河和籃球等三項。競賽以指揮部為單位，也就是八個海巡指揮部必須在所屬部隊中，選拔代表人選，參與競賽。比賽的時間，律定在民國八十三年（1994）的五月份，給予準備的時間概為一個月。

海巡部隊的體能競賽，相較於一般部隊，有著諸多的干

擾因素與困難。因為海巡部隊任務特殊，一個巡指部的兵力部署，概約分散在百餘公里的海岸線上，加以那段期間兵員短缺，各部隊的勤務都很吃緊。然而，既然有比賽，就有勝負高下之分，事關團隊榮譽，當然必須選拔菁英參與集訓，只有充分的準備，才能獲得應有的成果。各競賽項目的準備，籃球隊人數不多，正式球員加候補，二十人足矣，比較好辦；大隊接力百餘人加上拔河五十多位，另含預備手、行政支援人力，約莫需要抽調兩百餘人，佔掉全指揮部兵力的十分之一，確實壓力很大。還有代表隊挑選、集訓場地、行政支援等事宜，在在都需大費周章。那時我已經考上戰爭學院，約莫一個多月後即將離職，但仍展現旺盛企圖心，下達力爭冠軍的決心，希望劃下完美的句點。

我們先要求各大隊和直屬中隊辦理初複選，並策訂了非常優厚的優勝團體與個人獎勵辦法，然後在臺中港營區（三三大隊部）辦理決選，由我親自主持，各大、中隊選手由主官親自率隊、現場督陣競技，在「輸人不輸陣」的壓力下，各大、中隊皆不敢藏私，精銳盡出，經過一番競逐，代表隊快速組成。

代表隊由三三大隊長吳重河領軍，教練由大隊輔導長、作戰官沈坤宗等人兼任，所有人員在臺中港營區集中住宿，並利用港區的場地暨防風林週邊道路，展開密集訓練。訓練從基礎體能加強做起，不分晴雨，早晚沿著港區北堤道路跑

97

五千公尺，邊跑邊做精神答數，響徹港區，附近的居民都說：很久沒有聽到士氣這麼激昂的聲音。代表隊也做俯地挺身、仰臥起坐和交互蹲跳等訓練，強化臂力和腿力，拔河隊更利用大榕樹的樹幹當對手「練劍」。此外，三三大隊部也非常重視代表隊的伙食，不惜血本，早晚加菜，讓所有代表隊員都感受到滿滿的關愛。集訓期間，指揮部發動各大中隊分別贈送加菜金、飲料和水果，替所有選手加油打氣，各代表隊士氣高昂，都有必勝的決心，集訓的成效斐然。

　　海巡部全軍競賽在臺中市體育場舉行，歷經一天激烈的角逐，我們各項代表隊都以壓倒性的勝利過關斬將，網羅所有冠軍，以至於獲得「八分之一指揮部」的美譽。頒獎典禮訂在海巡部七月份的月會辦理，日期恰恰好是我戰院入學報到前一天，我本有意請副指揮官等人代表前往受獎，但中巡部司令劉元周中將堅持要我親自去領獎，並安排於是日晚間在中巡部（青海營區）歡送我。當天晚上幾位長官，以及中巡部各處處長分別向我敬酒，盛情難卻，我在海邊磨練的酒量，雖然已經大有長進，仍然喝得酩酊大醉，勉強維持不倒，但走路歪歪倒倒，只得麻煩中巡部派人押車送我回臺北，翌日到三軍大學報到時，還感頭昏腦脹，所幸當天只是分配教室、寢室，領取書籍、教材，並未正式上課，否則就糗大了。

　　此一團體體育競賽，展現部隊的企圖心和團隊精神，以及平素的訓練與韌性。整個競賽準備過程的堅實，最終獲得

豐碩的勝利果實，讓我們的官兵更深刻認知到「凡事豫則立，不豫則廢」、「備周力強」的硬道理，也更體會到「眾志成城」、「團結力量大」的重要性。

▼三指部機動中隊基地訓練開訓典禮

十五、高勤：兄弟同心其利斷金

　　海岸巡防任務，責任地區綿長，各部隊兵力分散，任務繁重，必須上下一心、通力合作，始可達成任務。三指部編成時，指揮部暨本部連，是由原本楊梅師八〇七旅旅部暨旅部連轉換編成。指揮部的高勤官：原規劃副指揮官人選，是由本旅副旅長王利群中校直接移編，嗣後王學長經我推薦至海巡部參加上校職缺甄選，在多位競爭者中脫穎而出，派任澎湖第七巡指部首任副指揮官（指揮官為澎湖團管區司令兼任，是以王學長係海巡任務的實際執行者），嗣後，再獲海巡部拔擢，晉升二指部指揮官（接任四十二期孫健萍學長職缺），因此，編成時之巡指部副指揮官，換成楊梅師原參二科科長杜崇哲中校。杜先生是高我三期的學長（陸官四十二期），係三軍大學非常受尊敬的老老師杜文芳先生哲嗣，因個性耿直，官運不佳，調任我的副手，高階低佔，的確是委屈了。但因為杜大嫂娘家在三義，因此選擇降調移編到通霄，方便照顧家庭。生涯規劃也準備參加職訓，另造人生第二春。杜學長公私場合分得很清楚，因為閱歷豐富、做事有方法，編成初期幫我很多忙，不久報退參加職訓，任期甚短。

　　後來，該職由參謀主任劉明海（陸官四十八期）升任，劉明海做事認真，肯跑肯衝，但個性較為急躁，他的夫人是我的金門小同鄉，非常賢慧，其妻舅蔡先生是臺電新建工程

的工程師，當時正參與臺中港火力發電廠的建設，對於我們在臺中港地區的任務執行，以及哨所的生活照顧，多所協助。承蒙湯司令大力保薦，明海職務三級跳，在數月後又調任四指部指揮官。副指揮官一職，則由團管區系統來的參謀主任陳治銘中校晉升，他是海巡部隊與團管區系統人事交流的先驅，為人沉穩正派，默默做事，戮力從公，是非常勇於任事的幹部，他的夫人陳淑瑩女士勤儉持家，極富愛心，因熱心公益績效斐然，迭獲表揚。嗣後，治銘獲得湯司令推薦，回到團管區系統歷練，擔任南投團管區副司令，晉昇上校，其高升後，原職務由何人繼任，因為我已到戰爭學院受訓，並不清楚。陳治銘升任副指揮官後，參謀主任一職，由作戰科長禹英武中校接任，他非常幹練、認真，績效甚佳，雖然期別較低，但仍獲湯先生拔擢，直升幕僚長一職。我離職後，禹中校調任四指部副指揮官，後來蒙劉元周司令提拔，回頭接任三指部的指揮官。此一時段是三指部的鼎盛時期，非常感謝湯司令、劉司令暨各級長官對三指部的器重，致各級幹部都有很好的出路，形成一個鼓舞官兵士氣的良好循環，事隔數十年，個人對此仍感快慰與感恩。我想：長官的賞識與機運非常重要，但個人表現與團體整體成績的表現，才是長官敢予大膽起用，賦予重任的原因，誰能說在海巡部隊沒有發展？

三指部首任政戰處長是我在楊梅師的老夥伴藍天虹中

校，藍中校為人剛正不阿，處事積極、圓融，極具溝通協調能力，與基層相處，能誠懇聆聽其心聲，快速有效掌握問題關鍵，協助解決問題。但他也相當堅持原則，對於不對的事物皆直言不諱，即使面對楊梅師師部或中巡部業管單位與直屬上級亦然。在有雅量的長官心中，他是最稱職的政戰幕僚長，而在心胸狹窄、行事狂悖者眼裡，他就是擋路的石頭。在高山頂時，他幫我處理過很多棘手問題，移編海巡後，更是團結各部隊的推手、扮演官兵溝通的橋樑。尤其是在憲兵弟兄的彌合團結上，更是費盡心思。他經常到憲兵大中隊部，與主官、管閒話家常或泡茶交心，瞭解基層的困難，化解他們對指揮部作為的誤解或心結，居功厥偉。迄今，他依然是三指部同袍聚會的總協調官，深獲昔日袍澤的信賴與愛戴。

藍先生高升海巡政戰部佔缺後，其職務由軍管區的幕僚李文鎮中校接替，李中校出身警備總部的後管系統，是雲林臺西的政治世家，為人圓融隨和，沒有一點長官的架子，非常善於溝通，特別是與地方後備軍人組織、地方政府、警消檢管單位，社會賢達耆宿，都能在極短時間內建立交情，協調無礙，為指揮部的任務遂行，爭取到許多助力。特別是他對民情掌握敏銳，使各部隊在海岸線的敦親睦鄰工作，做得十分到位，在我任期內，本部從未發生任何民事糾紛，他的用心居功厥偉。他到任時，副指揮官陳治銘、政戰主任李文鎮、三三大隊長吳重河、指揮部通信官吳萬居，都是雲林子

弟，醫務所主任毛仲夷是雲林女婿，還有諸多基層軍士官，也都是雲林人。一時間大家都戲稱三指部的「雲林幫」可以撐起半邊天。雲林子弟忠誠樸實、苦幹實幹的精神，就是三指部的精神。

這幾位軍、政高勤官在我任內，都能戮力從公、竭力襄助，協助處理和解決諸多問題，相處融洽，讓三指部各項評比，都能名列前茅，受到肯定。也正因為彼此團結合作無間，建立非常正面的形象，給人「三指部幹部都很認真、很優秀」的印象，因此迭獲長官的拔擢，或友軍單位的徵調，都有不錯的出路。迄今，我們仍然每年定期聚會，維持兄弟般的感情，相互關照，歷久彌堅。

▼海巡部隊機巡小組執勤狀況

十六、艱困：艱辛的海岸守護者

　　海岸巡防任務是一項艱苦、深具挑戰的工作。在作息時間上，官兵值勤置重點於夜間，因此官兵必須晝伏夜出，過著晝夜顛倒的生活，完全與一般人正常生活習慣相左。擔任主官管的幹部，較諸士官兵更加辛苦，值夜班的士官兵，在翌日上半天可以安心補休，幹部則仍有許多行政工作必須處理，譬如主持或參加本身的早餐會報、定期或臨時的檢討會，以及出席上級的各種會議，處理人事、後勤問題、參加責任區敦親睦鄰的民事活動、與地區後備軍人團體、情治單位互動……等等，很難得跟士官兵一樣安穩的補眠，因此幾乎都長期處於睡眠不足狀態。我在任期內長時間口腔潰瘍、腸胃潰瘍和耳朵發炎紅腫等火氣大之症狀，幾乎很難痊癒，即使休假在家，大部分的時間也都在睡覺補眠，所幸家人都能諒解。

　　休假少且不正常，也是常態。當年尚未實施週休二日，但一般部隊志願役每週至少可休一天半，每月累計應該要有六天假，義務役每週休假一天，再加上國定假日，細算累積，對於任務的執行，會產生嚴重的影響。對海巡部隊而言，更是不可承受之重，因此，為了勤務安排，海巡義務役的官兵每月積假只有四天，不管你是否同意，大排表輪休一次休完，下次休假要再熬個把月。志願役軍士官雖有慰勞假，但例假

日能休到，已經是阿彌陀佛，可休到慰勞假者，寥寥可數，主官管與據點指揮官更是如此，時過即了，法定休假就此「勞軍」了。當時的官兵都很認命，能休到表定假期，就已經很滿足了，似乎很少人去斤斤計較，細數被扣了多少假期。想想過去，看看現在，假如還是當年的作法，不僅國防部的申訴電話會被打爆，恐怕「靠北長官」網站都會當機啊。不知道是當年的官兵比較傻，還是現在的官兵比較聰明呢？

身為巡指部指揮官，根本不敢奢望能正常休假。我當時回家的時機，通常都是利用到海巡部開會、洽公之餘，匆忙返家一趟，偶有例假回家，也會在星期天天黑之前，回到通霄坐鎮。收假時，一般是搭下午三點多的莒光號（是每天極少數臺鐵海線有停靠通霄的班次之一），約五點多可以抵達通霄火車站。每當火車一過後龍，通霄火力發電廠高高的煙囪，聳立在暮色中，那鬼魅似的紅色警示燈光，遠遠的在眼前閃爍，心情就會越來越沉重，入夜後的海岸線會發生什麼事呢？各據點收假的人員是否安全按時返營？一種「不可知」的恐懼與不踏實感襲上心頭，那種壓力，沒有經歷過的人是很難理解的。

天氣的好壞，對海巡部隊的勤務和生活，都構成不同的困擾與挑戰。天候良好，海象平靜，機巡、步巡暨埋伏哨執勤時，可以少受點罪，但海面憑添諸多近海漁船、膠筏作業，是走私偷渡的好時機，平面雷達的可疑光點驟增，各部隊的

監視哨、雷哨都繃緊神經，唯恐稍有閃失被不肖之徒所趁。天候變差，海象惡劣，海上除了大型船隻，少有漁船、膠筏作業，反走私偷渡的壓力減輕，但不安份的官兵蠢蠢欲動，內部管理和軍紀問題，又成隱憂。倘遇冬季，東北季風狂飆，寒流來襲，夜哨艱苦，徒步巡邏和機車巡邏，更是苦不堪言。寒風刺骨穿透厚厚的防寒大衣，狂風帶起砂礫襲人，打在臉上，有似針刺。步巡頭頂鋼盔、肩揹步槍，頂風而行，步步艱辛；機巡則視野受限，須減速慢行，以免遭強風吹倒或衝入海溝（四指部即有機巡人員，連人帶車衝入海溝，一位少尉預官溺斃，槍枝歷經多日搜尋才找到）。

民國八十二年冬天，我曾因主官車受檢，由傳令騎機車搭載督導部隊，出發前穿了衛生褲加護膝，仍難抵刺骨寒風，一趟四小時的督導下來，腿痠腳麻，臉部凍僵，感受非常深刻。梅雨季，部分低　據點，容易淹水，且進出路泥濘不堪，步機巡舉步維艱，制式斗篷雨衣，外面下大雨，裡面下小雨，乍暖還寒的氣溫變化，經長時間海風吹拂，特別容易傷風感冒。颱風季節，一些哨班分離的哨所，以及孤懸在漁港堤岸突出部或河口偏遠地點的潛伏哨，危安系數大增，何時撤哨頗堪思量，但達成任務永遠是優先考慮的因素。

海巡部隊是國家海岸的守護者，艱苦備嘗，默默、無悔的在海邊付出青春歲月，為的是讓國人可以安居樂業，他們是真正的無名英雄。但絕大多數的國人在享受歲月靜好的當

兒，壓根兒是不知道有這麼一群人在為大家負重前行，尤其是那些惡意批評軍人、退伍軍人是「米蟲」的人為然。回想昔日在海岸線上的犧牲奉獻，聽到那些違背良知的惡意批評，心如刀割，不知道現役的官兵聽聞此種看法，是否還能維持那股執干戈以衛社稷的熱情？思之憮然。

底圖▼作者於三十年後重返昔日任務地區灣瓦海灘，班哨已經裁撤，海風凜冽。

十七、關懷：生活設施的自力改善

　　當年海巡部隊生活設施的簡陋，是一般人難以想像的。可能是因勤儉建軍政策的指導，也許是地處偏遠不受重視，在苗中地區的海防營區，除了部分近期所蓋的制式班哨（如港仔里、溫雅寮、北堤、南堤、南莊、海寶、海灣等），生活設施較為完善，絕大部分都因陋就簡，散落在海堤邊或防風林前緣。許多兵舍是兵工自建，或由戍守部隊自行搭蓋的小屋（尤其是浴廁、廚房和儲藏室等）。由於海邊交通不便，建材運輸困難，就地取材用海沙攪拌水泥搭建的建築物非常普遍，年代一久，水泥剝落、鋼筋外露的危屋並不少見。

　　白沙屯（三二一中隊）中隊部寢室，即曾發生屋頂水泥塊剝落砸傷士兵的憾事。此外，各種鐵質的設備、陣營具，在海邊鹽份侵蝕下，特別容易鏽蝕、破損，加以修補、汰換的速度遲緩，尤其讓原先生活條件較佳的憲兵部隊難以適應（野戰型的莒園營（二一九營）很快就適應了，而戍守陸總的二一二營則花了較長的時間調適）。所幸，中巡部湯司令早有盤算，要求各團管區全面清點、檢整閒置或備份的陣營具與視聽器材，主動全力支援海邊；海巡部王司令則撥專款，添購新的電視、音響、微波爐和開飲機等生活用品，且於視導本部南埔哨時，覺得該哨自行釘製的中山室收納櫥櫃很實用美觀，讓中山室的空間變得清爽整潔、溫馨，乃補助經費，

看海的日子：寫我海巡弟兄們

要求全軍所有據點比照南埔哨，按照其本身空間寬窄、生活設施狀況，參考辦理，真的是功德一件。

海邊據點建築老舊，獨立於海岸與防風林間，更顯蕭瑟與暗沉，而新建兵舍緩不濟急，我覺得只有自力改善生活環境與設施，讓官兵覺得開朗、舒適一些，於是我們向海軍臺中港作戰隊和陸軍工材庫要來屆（過）期的水泥漆或油漆，將灰樸樸的兵舍，粉刷變身成為白色典雅的建築，且辦理據點環境美化比賽，要求就近取材，將各營區周遭都綠化、種花蒔草，加以美化。推動此工作歷時不久，登時藍色的海洋、綠色的防風林和白色屋宇相映成趣，加上據點上方迎風飄揚的美麗國旗，登時變成海岸線上一幅美麗的風景，自己住得舒適，外人看了也賞心悅目。

當時曾有人質疑，軍事設施不是講求偽裝隱蔽嗎？刷了白漆暴露位置，符合軍事準則的要求嗎？個人想法：反走私、反偷渡，與軍事作戰仍有本質上的差異，其反制上策是嚇阻，防範未然，不得已時再行緝捕。反制部署，以固定據點為正，機步巡邏、埋伏哨與機動部隊配置為奇。哨所刷白漆，有警示和嚇阻效用，與軍事原則並不違悖。且權衡輕重，經營適合官兵生活的環境，與任務遂行相輔相成，有何不可？

此一指導，獲得很好的效果，有作為的據點指揮官，執行成效更是令人眼睛一亮，大為讚賞。其中特別值得一提的

是中港溪南岸的「渡船頭」班哨（屬三一大隊三一一中隊），指揮官是臺灣大學社會系畢業的預官張立中少尉（張少尉外表帥氣、斯文，有濃濃的書卷氣質，但實則極有領導能力，讓我印象頗為深刻。此外，因時間久遠，假如名字寫錯了，還請多多包涵），他不僅將瀕臨河畔的據點，經營得窗明几淨、溫馨優美，有如河邊景點。他更善於敦親睦鄰，用心經營社區關係，營區附近的一對老夫婦甚至把自己心愛的兩隻洛威拿（rottweiler）名犬相贈，變成營區安全警戒、海岸巡邏與監控海（河）面的利器，替「事在人為」做了最好的注腳。

此外，新成立的海巡部隊，本身並未建立完整的後勤補保體系，上級所能提供的資源非常有限，處處必須仰賴陸軍後勤部隊與聯勤的支援，在項量與補保效率上，往往難以滿足基層需求。窮則變變則通的自謀生計，成了海邊生存的重要憑藉。所幸個人擔任軍團幕僚與營級主官時，任務範圍都位於中部地區，原有人脈還可提供緊急支援。車巡、機巡的油料不足，臺中港海軍戰隊汰換的快艇壓艙油、鄰近的某飛彈部隊結餘的油料，甚至中部地區某油庫的調節油量，都是我們求援的對象，我們的友軍體諒新編部隊的艱難，都能在合法、合規定的情況下，適時給予少量的支援，多處化緣，積少成多，不無小補。這些雪中送炭的恩情，個人終身難忘。

我急於改善官兵的生活環境，但有限的行政事務費根本難以支應，上級的支援緩不濟急，唯有自力更生、另闢蹊徑。

看海的日子：寫我海巡弟兄們

我視導所有的據點，發現多數浴廁和廚房因陋就簡，潮濕斑駁，亟待改善，但四十幾個班哨要在短時間內修繕，所費不貲，事非易與。事情很困難，卻勢在必行，只能透過關係，尋求支援。在籌措舖設浴廁和廚房的磁磚方面，副指揮官陳治銘中校主動請纓，協調其在竹南磁磚廠任職主管的姊夫，將被打入瑕疵品的磁磚贈送本部（由本部出具保證書，保證絕對是海巡部隊自用，不會流入市面），由我們自行派車前往運回。舖設工作由指揮部統一派遣出兩組專業的泥水工匠，由南北兩端向中間作業，逐哨施工，讓營舍不同格局的班哨，有了一致的元素，較諸原有情況更為整潔、美觀。再者，每年冬令防範火災，全面普檢各據點的電器、電線，也是由指揮部統一派遣專業電工，逐一檢查、紀錄並回報，避免基層缺乏是項能力而怠忽，導致危安事件。

各單位大大小小的工程都需要用到水泥，但是我們的房屋修繕費非常拮据，也不可能再擠出多餘的錢去購買，向上級申請或央請友軍支援，有時而盡，因此，只有另謀他途。因為地利之便，我們把腦筋動到臺中港北區的散裝水泥倉儲公司。這些公司進口的水泥是散裝的，由貨輪運達港口，經輸送管道抽送到高聳密閉的倉庫儲存，嗣後裝袋批售給大盤商，而在水泥裝袋完成後，遺留大量的水泥灰，留存卡在倉儲空間的各個死角，必須迅速清掃淨空，準備迎接下一艘貨船卸貨，且避免零散水泥灰受潮附著於倉庫壁面，影響新進

水泥品質、倉儲容量與功能。三三大隊長吳重河中校經由港區關係，得知該一訊息，估算其遺留倉內的水泥灰數量不少，如能加以收集，積少成多，數量可觀，應該是一個不須花錢就能獲得水泥的管道。該大隊即透過後憲系統協調廠商，自動請纓派遣公差清掃倉儲水泥，唯一的要求，清掃倉庫後所收集之水泥，無論數量多寡，悉歸海巡部隊所有。經查每次清掃都能獲得數十袋散裝水泥，及時分配各單位運用，有利各項工程的順利進行。時隔二十餘年，回想當時十餘位弟兄眼戴潛水鏡，以毛巾、口罩蒙住口鼻，汗流浹背，在泥灰飛揚的倉儲內回收水泥，並將一袋袋水泥揹上軍用卡車的身影，內心的不忍與感佩之情，兼而有之。那個篳路藍縷、不待上級支援、戮力竭盡諸般手段達成任務的年代，真是令人懷念啊！但如果換成現在的時空，我和吳大隊長恐怕都會被以圖利罪移送法辦，或被網民在「靠北長官」上追殺吧！身在那個年代是幸還是不幸呢？如人飲水，冷暖自知。但我懷念那些曾經同甘共苦的老戰友們，謝謝他們對我的信任和支持，也感懷那個艱困的環境，淬鍊人性的光輝和不甘被擊敗的意志，我永生難忘。

十八、苦情：特殊艱困環境下的麗水班哨

　　三指部轄下有四十幾個第一線海防班哨，勤務同樣艱辛。但有某些特殊地區的據點，因為生活、工作環境與條件特別惡劣，較諸其他海防據點更為艱難，非常非常的辛苦！回想這些官兵袍澤在那種環境下，依然堅守崗位，為守護國家海岸的安全而努力，心中充滿敬意，他們是為國為民無私奉獻的無名英雄，是堅守崗位默默付出的鬥士，無愧於國家、人民和軍隊，絕對不是少數不肖之徒口中的「米蟲」。這些特殊艱困的據點，由南到北計有麗水、電廠南、電廠北、南堤砲班、北堤、南埔、半天寮等班哨，首先介紹環境遭重度污染的「麗水」據點。

　　位於大肚溪北岸的麗水據點，是本部最南邊的據點，與四指部的伸港班哨隔大肚溪相望，互為犄角，監控大肚溪口，且需支援大肚溪北岸重要麗水漁港的安檢工作，是非常重要的班哨。

　　該哨位置偏遠，交通極為不便。特別是周圍的環境極為惡劣，孤零零的一棟建築，幾乎被臺中港廢水處理廠的廢水池所包圍，在進入該據點道路的北側，一圈圈圓型水泥汙水池，讓人觸目驚心。由於地下水遭嚴重污染，深水井抽上來的水，呈現淺綠色的色澤，都有一股令人作噁的臭味，時隔

近三十年，我依稀記得那百味雜陳、奇臭無比的味道。因此，那裡的地下水，連澆灌花草樹木都不宜，遑論盥洗飲用，且因地處遙遠的大肚溪口，與最近的村鎮和重要道路，都有一段不小的距離。經過歷屆不同單位駐軍的協調，自來水廠皆以不敷成本，不同意接管供水。我們接防後，透過多重系統申請，屢遭踫壁，互個人任期結束，依然無法如願，因此必須仰賴指揮部定期用水車運送供水。

夏季時，該哨附近的污水處理池經過太陽曝曬蒸發，惡臭更是難以容忍，弟兄們必須全天候戴著口罩服勤。據點竟日充滿異味，前往督導，雖僅短暫停留，外層衣服都會沾染一股莫名的臭味，久久無法消散。冬天時，雖然臭味稍戢，但海邊的狂飆風沙，毫不留情灌入哨所，臭氣與風沙同步施虐，沒有戴口罩是很難過活的。此外，當年正值緊鄰哨所北側的臺中港火力發電廠施工，工程車進出頻繁，大型機械轟隆作響，竟日裡沙塵蔽日，難得有機會看見藍天白雲。加上發電廠在前一年（1992）部分機組已經開始運轉，燃煤煙塵順風飄入哨所，使班哨的空氣更是每下愈況。

該哨生活環境如此惡劣，實在不適人居，但因據點位於三、四巡指部的結合部，扼控容易遭滲透、突擊和走私偷渡的大肚溪口，以及曾迭次發生走私的龍井麗水漁港，為防範敵軍或島內不肖份子的船隻溯溪而上，或利用河岸與漁港犯案，該哨成為四反（反走私、反偷渡、反滲透、反突擊）的

重要據點，幾經檢討仍然無法裁撤。時隔三十多年，臺中港區附近環境變化很大，不知據點現況如何，但回想當年據點同袍不分寒暑，都要長時間忍受惡劣的工作和生活環境，整天戴著口罩在哨所內外生活和服勤，尊敬和不捨兼而有之。

▼三指部昔日任務地區高美濕地現況，海岸線已經前推數公里

十九、艱苦：噪音風沙下的電廠南、電廠北據點

　　臺中港火力發電廠，現已正名為臺中火力發電廠，於民國七十五年（1986）始建，施工的第二年，個人適率官兵接替梧棲營的海防任務，該廠龍井工區就在本營的守備地境內，換言之，個人親眼目睹該廠區的部分施工過程。電廠所在，是臺電工程單位抽取臺中港航道的淤砂，逐漸浚填而成的新生地，當年除了忙碌的重型工程機械，便是一片向海延伸的荒漠。時隔六年，民國八十一年（1992 年）電廠開始啟用。此時，廠區已經完成部分固定建築與設施，但實則只有部分機組在運轉，大部分區域仍然在施工狀態。

　　民國八十二年四月，新編成的三指部進駐梧棲、龍井地區，中電依然持續在施工。空曠的廠區，還沒有完成綠、美化的工作，竟日裏沙塵滾滾，遮天蔽日，人員置身其中都需帶口罩，才能遮擋風沙。本部原位於臨港大道邊的上草湳、下草湳據點距離海岸越來越遠，根本看不出去，已經喪失原有監控海面的功能，位於沙鹿的中隊部更是鞭長莫及，不得不檢討前推。

　　是以，中隊部和上草湳、下草湳據點，遂簡併為電廠南和電廠北兩個據點，遷至新建的發電廠廠區內。因為很多生

活與工作區的硬體設施，尚未完成，只得因陋就簡安置在臨時搭建的組合屋。該中隊（三三二中隊）除了分駐麗水、南堤、砲班、北堤和溫雅寮等據點的兵力外，中隊部暨其餘的官兵，都集中住在一棟組合屋內，兼負監控海面狀況，以及廠區安全警戒的任務。為了監控海上的動態，海哨必須前推到臨海視野廣闊的海邊，因此在廠區西側南北兩端各設一個監視哨，即是所謂的電廠南、電廠北兩個海哨。

基本上，臺電對於進駐廠區的海巡部隊，非常關照，水電不虞匱乏，在對外交通上，也提供了相關支援。但由於廠區仍在持續向外擴建，僅能設置簡易的哨所供哨兵遮風避雨，弟兄們只能在驚沙撲面、施工機械隆隆，和運轉發電機組震耳欲聾的噪音中，徒步前往監視哨所執勤，生活和工作的惡劣環境直追麗水班哨。現在，大臺中地區的鄉親，群起抗議臺中火力發電廠造成嚴重的空氣汙染，威脅人們的健康。但可知當年電廠內的海巡官兵，可是在空汙、噪音與工程沙塵多重夾擊的艱困環境中，無視個人健康與安全，堅守崗位，無怨無悔勉力挑起捍衛國家海岸的重責大任。（電廠南、電廠北原規劃建構兩棟哨戒合一的建築，何時完成，因個人已經離職，不得而知。）

二十、堅持：驚濤拍岸的南堤砲班

　　臺中港背向大肚山，位於大甲溪口及大肚溪口之間，地形上突出於臺灣海峽的西海岸，並非天然良港，而係人工開鑿的國際港。因為獨特的自然環境，秋冬季節東北風狂飆，波濤洶湧，漫天風沙，除了帶來大量的漂沙，堵塞航道，也給港區的作業與生活帶來極大不便與干擾，本部位於港區的幾個據點當然也不例外，南堤砲班與北堤據點是受影響最大的哨所。

　　「南堤砲班」，位於臺中港南防波堤的最末端突出部，北側稍後方是港口的主航道，西側便是廣袤的臺灣海峽，腳下俯瞰碧波萬頃的大海，視野廣闊，射界無礙，是監控船舶進出航道的要點，更是觀測、抵禦敵軍入侵、奪港的第一線，其重要性可知矣。該哨當年部署的防衛武器有九〇砲一門、五〇機槍一挺，射向都指向海峽，在我擔任海防營長時，該兩武器還是妥善裝備，可以操作演練。不數年，海巡接替後，已經嚴重鏽蝕變成一座虛有其表、毫無功能的廢鐵，據點的守備，僅能仰賴輕機槍和步槍等建制武器。

　　該哨官兵進出極為不便，天氣好時，沿海堤徒步走到南堤出口要三十分鐘以上（當年龍井港區尚未開闢，出入口在南堤尾端，要經過一片延伸進來的廣闊水域），採買靠腳踏

車代步，也需要十來分鐘（當年國防部嚴令部隊官兵除公發機車執勤外，不得騎乘機車，擁有私人轎車極為罕見）。往返梧棲鎮上、大隊部或位於火力發電廠區的（三三二）中隊部，至少需花費兩個小時以上。秋冬季節或天候劇變時，據點外，巨浪滔滔，季風夾帶海水經常越過海堤，沖刷堤岸道路，對外交通時常處於斷絕狀況，斷水斷電，官兵困守侷促的哨所，形同孤島，我們必須透過無線電瞭解哨所安危。人員不得已外出洽公或採購，必須利用風浪稍歇時，由兩側堤岸中間的道路出入，唯仍須傴僂身軀，小心慢行，以免被強陣風吹倒，騎機車巡邏、督導，或踩腳踏車公出，搖搖晃晃，險象環生。

對外通信，僅有軍線與無線電，後來接了中華電信的軍租線路（應該也是透過無線電連接），但通話品質仍然時常出狀況，且當時手機甚至 BB 扣都非常罕見，通信連絡極為不便。夏季颱風過境時，安全顧慮大增，必須撤哨，人員武器暫時安置到南堤班哨。冬天寒流過境，海象惡劣，頂著濁浪滔天，酷寒遠勝其他哨所。尤其海水在強風推擠下，後浪推前浪，一波波激越轟擊，沉重拍打據點建築和厚鋼板特製的九〇砲砲口擋板，轟隆作響，震耳欲聾，其聲勢有如萬馬奔騰，似乎隨時可能衝開擋板灌進據點，困守屋內的官兵，面面相覷，內心的恐懼與壓力極大。

為了監控視野不受遮擋，哨所的監視哨設在海堤砲堡的

頂端，距離水面三十餘公尺，極為陡峭險峻，頂層周圍雖有近一米高的矮牆阻隔，仍有墜落的安全顧慮。為了防止官兵發生意外，指揮部三令五申嚴禁靠近圍牆，更不允許垂釣。然而因為堤岸南側海灣水面相對平靜、海飄食物滯留充沛，有大量近海魚群聚集，且不乏諸多高檔魚類，導致各地釣客聞風而至，運用各種人際關係，想方設法潛入港區垂釣（港區是經常管制區，二十四小時管制，未經許可不得擅自進入）。官兵不敢明目張膽攜帶釣具進來，但仍有自製簡易釣魚工具（小木棍綁漁線和釣鉤，目標較不明顯）綁在哨所圍牆邊，等魚兒主動上鉤，定時收「竿」，倒也釣起不少「烏格」（黑鯛）等好魚，我體諒哨所新鮮副食取得不易，督導時並沒有刻意去抓他們，但總不忘提醒注意安全。我瞭解這種作法有點鄉愿，對於命令的貫徹確實存在負面影響，但又不能開放垂釣，左右為難，情理法如何兼顧，的確讓人煩惱。

南堤砲班偏遠艱困，是長官年節慰問的重點哨所，也是我和大隊長最掛心和頻繁視導的單位，更是醫務所巡迴醫療的重點所在。是以，所有的國人應該瞭解，我們社會的安定與國境的安全，並非唾手可得，而是許多人燃燒寶貴青春歲月，冒險犯難，夙興夜寐，犧牲奉獻所換來的，應該予以珍惜。

二一、屹立：狂風沙掩蓋的北堤班哨

北堤據點位於臺中港北防波堤的東北側，南臨主航道，西背北防沙堤，東向面對梧棲漁港，與漁檢所相距二十餘公尺，是港區另一個艱困班哨，其艱辛來自反制走私偷渡任務與惡劣外在環境的雙重壓力。

該哨鄰近漁船走私猖獗的梧棲漁港，因此必須配合漁港檢管所執行反制任務，風平浪靜時，大批漁船進出作業頻繁，監控壓力大增。但北堤之所以艱苦，則是與臺中港的自然環境影響因素息息相關。正如前節所言，臺中港位於中臺灣最突出的地方（號稱臺灣本島的肚臍眼），是人工開闢的國際港，潮差極大，秋冬季節洋流將海沙帶入航道，經常造成船隻進出困難，稍有不慎便可能擱淺。而猖狂的東北季風，風速動輒高達十級以上，且把海沙帶著越過十幾公尺高的防沙堤，吹到堤防內的港區，中秋節過後，只要鋒面過境，竟日風沙漫天狂飆、遮天蔽日，經常蔚為臺中港區獨特的景觀。

北堤班哨是一棟哨戒一體的建築，為了防制風沙侵襲，四周圍了一圈高高的圍牆。但因該哨位於北防波堤與防沙堤交界處，與堤岸僅隔著一條四米寬的馬路，沒有防風林的緩衝與掩護，因此，風沙吹襲時首當其衝，每每一夜風吹沙，大量飄沙越過據點高高的圍牆，連牆帶哨所北半部一起掩埋，

某次風強沙積，竟然連大門都堵得推不開了，逼得大隊部必須調借小山貓機具，才得以解困。官兵在風聲颯颯、沙塵拍窗的狀況下，竟夜難以安心值勤或入睡，屋頂的監視哨，隨時要推動崗哨的鐵門，抖落積沙，避免把門堵住。白晝除了沉重的勤務壓力外，還要周而復始清除漫天強襲而來的風沙，即使大隊部與指揮部支援兵力和機具協助鏟除積沙，但哨所營舍內無所不在、厚厚的沙塵，還是要靠自己清理、洗滌啊。這種周而復始的勞苦，神似希臘神話薛西佛斯的痛苦循環，無休無止。此外，風季來臨，據點官兵出入港區，經常必須緊緊戴著布質口罩，離開哨所，總避不開無孔不入的風沙，砂粒打在臉上，刺痛難耐，細沙鑽入頸項，滿身塵埃，非常狼狽不堪。且無論到上級洽公或外出購物，距離遙遠，步行、騎腳踏車，舉步維艱，騎機車險象環生，多所顧慮，通常需靠汽車代步，其辛苦操勞可知矣！

北堤班哨秋冬季節的艱困狀況，為各時期駐軍上級單位所重視，也列入長官三節慰問必到的單位。個人在陸軍暨海巡部隊，兩度駐守該一據點，任期內，苗栗師前後任師長陳鎮湘將軍、宋川強將軍，后里軍軍長李建中中將；海巡部司令王若愚上將，中巡部司令湯先智中將、劉元周中將等各級長官，都迭次親臨該哨慰勉，給予官兵極大的鼓舞。

二二、不屈：出入艱辛的南埔據點

　　南埔據點位於大甲溪河口北岸，南面緊臨河幅廣闊、亂石嶙峋、錯落，細流沼澤縱橫，雜草、蘆葦叢生，地形地貌極為複雜的大甲溪河床；且遙望臺中港北堤防風林，監控反制不易；東面背負大甲西南翼南莊、頂莊聚落，產業道路縱橫密布；西面正對臺灣海峽，兩岸漁船作業頻繁，是走私偷渡發生機率很高的地區，歷史紀錄也的確如此。該哨居於北岸岬角突出部要衝，與南岸清水高北中隊部的河堤哨，以及番仔寮班哨互為犄角，監視甲南海灘，以及大甲溪河口大片海域，地位至關重要。

　　南埔班哨地處偏遠，當年西濱高速公路、大甲溪北岸河濱公路尚未開通，最近的接近路線，必須由省道沿產業道路抵達一個小村落，然後下車徒步，繞行堤岸、鴨寮，並跨越一條隨漲退潮起伏的小溪流，約莫十幾分鐘才能到達該一哨所。較大宗、笨重的物品運輸，車輛要繞遠路經鄰哨南莊，才能到達哨所附近，交通至為不便。因為出入不便，哨所的營舍非常老舊，生活設施簡陋，周圍被灌木、雜草與崎嶇不平的礫石地所包圍，環境很糟，且經常有蛇蚵出沒，成為指揮部和上級單位協助改善硬體建設的重點哨所。

　　此外，該哨前方的河口與海岸，反而是灘岸平緩的沙質

海灘，高潮線迄低潮線距離甚遠，漲退潮來去快速，也造成查緝反應時間相對受到壓縮，這也是本部將埋伏哨前推至安全距離，隨漲潮速度逐步轉進後退的原因。因其危險性也較高，帶隊者必須熟知海域狀況、並兼具膽識、機敏與體能條件，始能「全軍破敵」，領先反應，將走私偷渡全數緝捕於水際灘頭，不容潛逃竄入河灘地或防風林。

　　因為環境特殊，加以對外交通極為不便，白晝猶可進出，入夜後孤懸在大甲溪口，在哨所昏黃的燈光映照下，有如一座遺世的孤島。現在濱海快速道大甲段已經貫通，河堤公路也已經延伸到河口，不知道那艱辛的據點目前情況如何？邇來兩岸關係緊張，中共武力犯臺機率陡升，甲南的紅色海灘，有利於敵軍的登陸突破，側擊奪取臺中港，其守備益加重要，而做為反登陸虎口鋼牙的南埔哨是否予以強化？

▼三指部昔日任務地區高美濕地現況，海岸線已經前推數公里

看海的日子：寫我海巡弟兄們

二三、堅強：孤懸在外的半天寮據點

指揮部最偏遠而辛苦的據點，則非龍港（三一四）中隊的「半天寮」哨莫屬。這個據點位於通霄與後龍之間，是龍港大隊最南邊的班哨，主要任務是反覘平直的白沙屯海灘、地形複雜的灣瓦灘岸，以及後龍溪口和北岸的海灘。戰時可做為南勢山要點的前哨，以及扼控海灘的反射擊陣地。它的地理環境，類似雲林的外傘頂洲，孤懸在苗栗南勢山海岸前方的沙洲上，漲潮時四周被海水包圍，完全孤立，退潮時僅憑一道窄窄的沙灘與陸地相通，無論人員或物資進出，都要算好潮汐，利用退潮時作業。正因為孤立在海岸外，完全沒有遮擋與掩蔽，遇到颱風或東北風季，海風淅淅，巨浪翻騰，全哨如同大海中的孤島，險象環生。

也因其地處偏遠、地形特殊，大隊、中隊支援困難，尤其各種車輛都難以直接到達哨所。因此人員進出、物資運補，都必須經由白沙屯的「山邊」哨，繞行一條狹窄、顛簸的產業道路。到了道路盡頭，即須下車，徒步跨越一道小河溝（旱季僅剩一道涓涓細流，雨季必須涉水，較為麻煩），再經過一片雜樹林和面積廣袤的沙地西瓜田，歷經幾番折騰，最終才能抵達這個據點。

由於建築材料運送不易，施工困難，該哨的營舍非常簡

陋、陳舊，生活條件相對較差。此外，其周邊蚊蚋叢生，時有長蟲出沒，我某次前往督導時，即曾親眼目睹概約一公尺長的毒蛇，迤迤然從不遠處爬過，也見過瓜農將打死的大、小毒蛇掛在瓜田圍籬上，如同梟首示眾，駐守弟兄司空見慣，其他督導或運補人員初見，不免毛骨悚然。該哨孤立在外，交通不便，支援困難，生活條件甚差，且官兵一旦被派任戍守該一據點，除採買、洽公，偶有機會離哨，其他人只有輪到休假，才得外出，一月一休，困守彈丸之地，其苦悶可知矣。是警總、陸軍迄海巡部各時期所有長官公認的艱苦據點。

某次，個人因第五作戰區「華山演習」實兵操演，帶領重要幹部實施現地戰術，勘察南勢山重要地形，因為天氣晴朗，在高地上以望遠鏡俯瞰半天寮沙洲，發現該據點監視哨服裝不整、動作散漫。當下並未即予處置，而是返回指揮部後，才致電三一四中隊長張正賢上尉，指示務必改善缺失，端正勤務紀律，以免嚴重影響任務之達成，蓋憫其駐守艱困，不忍嚴厲指責、懲處。

陳鎮湘將軍曾經擔任苗栗師師長與后里軍軍長，在這兩個職務任內，每月督導時，本據點是重點中的重點，也是他念茲在茲、關懷有加的哨所。嗣後，陳先生由海巡部參謀長高升副司令後，業管海防，履新後，馬不停蹄，密集視導海巡部隊。某日本部接獲中巡部通報：陳副司令將由北至南督導中部地區各據點，是日下午即將進入三指部轄區。因屬突

擊式的督導，並未明確指定由那個中隊或班哨開始看起，也不要求各級主官前往等候陪檢。接到通報後，我毫無懸念的立馬出發前往山邊班哨，視導該哨後即在路口等候，等陳先生的督導車抵達，見我在現場恭候，頗感訝異，總部隨行人員面面相覷，懷疑有人暗中通報。其實個人在苗栗師服務時，曾兩度追隨陳先生，深深瞭解在軍、師責任地境的苗中海岸裡，他最重視且關心的班哨，莫過於艱苦的半天寮。基於對老長官的瞭解，我深信他到中部絕對會優先來探望這個具有特殊意義的據點。一語中的，中巡部的長官深感驚奇，指揮部的幹部，更對我的神準研判，佩服得不得了。其實我不是神機妙算，而應該是一種革命感情與默契的直接反應吧。

邇來，據該哨當年的直屬長官，三一大隊三三四中隊的中隊長張正賢，在三指部 Line 群組回報：在濱海快速公路全線開通後，因為特殊的環境與景觀，半天寮據點現在已經被苗栗地方政府開發成「苗栗好望角」風景區，假日遊人如織，成為旅遊打卡的熱門景點。兩相比較，滄海桑田，變遷劇烈，多麼讓人感慨！（註：經上網查證，「苗栗好望角」風景區應該是半天寮西側的南勢山高地，而非孤懸在外的半天寮）

附記：當然，除了上述極艱困的據點，當年大部分的海防營區，其實都很偏僻，離開主要的交通路線都很遠，較諸一般的三軍部隊自然更加枯燥與辛苦。其中尤以中港溪北口的中港哨（個人離職前已經廢棄撤哨，改為定點機巡），後

龍的海灣、海寶，烏眉溪（西湖溪）南岸的灣瓦、白沙屯的山邊

▲ 海巡部隊弟兄監看海面狀況

哨、苑裡的苗圃哨、大甲的五甲東，上、下龜殼，南莊，大甲溪南岸的高美、番仔寮，當年都很荒涼而不便。

　　如今，時隔近三十年，由於岸巡監控系統裝備與機動輸具的精進，班哨大幅精減，海岸管制也大為鬆綁，加以西濱快速公路的興建、貫通，物換星移，滄海變桑田，整個海岸線的景觀已經大為不同，且地方政府因應民眾休閒活動需求，戮力開拓濱海遊憩區，臺灣海線風貌丕變，是以近年偶爾路過昔日的轄區，已難尋覓或定位各據點的確切位置。譬如往昔荒蕪偏遠的臺中清水的高美濕地，是十二甲、番仔寮和高北據點所在，如今已成觀看夕陽、風車和豐富生態的觀光勝地，以及雲林莞草、大安水蓑衣等瀕危動植物的生態保護區。每到假日，遊客如織，攤販雲集，其變化之大，真是難以想像啊！

第三部

海巡的帶兵哲學

二四、誠實：督導密度嚴禁作假

　　海巡部隊散布在綿長的海岸線上，指揮掌握困難。因此，必須採取走動式管理，勤加督導，始能有效管制。海巡部規定巡指部指揮官每月至少要督導所屬據點兩次，大隊長每週要督導兩次，中隊長則每天要到所屬據點巡視一次，重點班哨的督導密度就更為密集了。而所謂「督導」並非蜻蜓點水，而必須就內部管理、生活所需、勤務規劃與執行、以及林林總總的問題，深入瞭解並協助處理，且須與官兵座談或精神講話，因此，一天時間能看四五個據點，就很不容易了。以我個人而言，三指部在一百公里的海岸線上，共有將近五十個據點，加上中、大隊部，總計概有六十個營區，且各營區（據點）並非可以點對點直達，而是須由南北向的縱貫線省道，沿著東西向、散布海線的縣道或產業道路，進出各營區（據點），費時費力。是以，我和各級主官（管）花在看部隊的時間，幾乎可以用「夜以繼日」來形容，其辛苦可知矣。

　　正因為要求督導的密度極為緊繃，尤其遇到連續假期或臨時任務干擾，很難達成上級要求的督導次數。我很擔心各級幹部日久頑生，更怕各部隊做假，明明沒有到班哨督導，為了美化督導次數，應付上級的稽核，將海防工作日誌（內有上級督導紀錄欄）繳回大、中隊部補填、批閱，製造績效良好的假象。

看海的日子：寫我海巡弟兄們

我認為督導部隊，是一種良心、誠實的工作，貫徹上級要求固然重要，存誠務實更為重要。虛偽作假成風，會嚴重腐蝕部隊的根基，必須嚴厲遏止。三指部是新成立的部隊，培養忠誠精實的軍風，才能維持部隊的精壯和純淨。個人乃嚴格規定《海防工作日誌》必須放在各據點的安全士官桌，不得攜離據點，各級督導官（包含我個人在內）必須將督導所見詳載日誌內，以利據點遵循並做缺失複查依據。我也再三提醒各級幹部：就時間和能力所及去督導部隊，重視督導實效，盡力協助基層解決問題，對得起良心即可，不必太在意督導次數多寡，更不可以欺騙自己、虛偽造假。督導次數未能達標，個人可以諒解，倘若作假，必予嚴懲不貸。

海巡部與中巡部每個月都會調查各級督導密度，並辦理評比。司令部作戰處多次提醒我，三指部各項績效都名列前茅，但督導密度的成績一直落在後段班，也在總部暨地區司令部的主官會議裡受到關切和批評；指揮部作戰科長迭次很含蓄反映，如果我們仍然據實呈報，一定會在八個指揮部中持續殿底。我仍然堅持不可以灌水，即使每個月都是最後一名，也在所不惜。非常感謝當年所有的大、中隊長及相關幹部，都能貫徹此一指導，並沒有屈就於績效的壓力，也使三指部在基層部隊的督導上，一直能保有很好的風氣。更感謝中巡部湯司令、劉司令對於三指部的信任，他們相信我本人暨所屬各級主官（管）必然會竭智盡慮，善盡自己的職責，

海巡部隊績優單位授予榮譽帶

做好督導的工作，而部隊的表現，即是最好的證明。身為基層指揮官，進不爭功，退不避罪，唯誠是用，桃李不言，下自成蹊。

近期看媒體報導：某大國領導人利之所在，信口雌黃，說謊成性，大庭廣眾之下，謊話連篇，睜眼說瞎話，毫無愧色。國內某些政客，為了一黨一己之私，翻雲覆雨，飾詞狡辯，甚至指鹿為馬，臉不紅氣不喘，嚴重影響國家社會的風氣，令人不齒。記得蔡松坡析評《曾胡治兵語錄》曾說：「軍隊之為用，全恃萬眾一心，同胞無間，不容有絲毫芥蒂，此尤在有一誠字為之貫串，為之維繫，否則如一盤散沙，必將不戰自潰。」又說：「社會以偽相尚，其禍伏而緩，軍隊以偽相尚，其禍彰而速且烈……惟誠可以破天下之偽，惟實可以破天下之虛。」對於軍隊戰力強弱而言，船堅炮利固然重要，但更關鍵的因素則在軍風、軍紀之良窳，深值吾人警惕。

二五、拚博：勇敢機智的前推戰術

　　三指部所轄的苗栗、臺中海岸，灘岸大多為沙岸，坡度緩和，高潮線與低潮線相距甚遠，為了阻擋風沙暨減緩海水對於海岸的侵蝕，部分地區在灘後種植大片防風林，或在堤防前堆置消波塊。然而，這些濱海防風林和消波塊造成觀測死角，有利於走私偷渡者藏匿，增加查緝困難。為了消除查緝障礙、拉大反制的縱深，我和三位大隊長暨重要幹部，根據湯司令指導的原則，研究出一種超前部署方式，就是鎖定容易走私偷渡的地點，按天候狀況研判可能發生的時機，在發現非常可疑的目標後，將派遣的埋伏哨前推至低潮線，隨著潮水上漲深度，緩緩後撤，既可提早發現海上可疑船隻的動態，也可以反覘海岸線的狀況，與監視哨相呼應。但執行此一工作具有相當風險，擔負此一任務的官兵必須深諳灘岸地質、起伏與潮水漲退的情況，膽大心細、時時保持警覺，尤其是風浪稍大時，要能及時應變，拿捏部署和後撤的時機，因此實際的操作並不容易。

　　天候對於海防任務的影響甚鉅。海象風平浪靜，海上作業漁船必然大增，也有利於走私偷渡，通常狀況會非常多。如果經過平面雷達掃描與目視監控雙重認定，研判某可疑船隻走私偷渡機率急遽升高，機動中隊的部署就會前推至低潮線，然後慢慢後退，因為部署人數較多，執行的風險和困難

度也較高，但如果能夠在岸水之間，將走私偷渡人贓俱獲，一舉成擒，必可產生重大之嚇阻震懾作用，使兩岸的私梟、蛇頭喪膽，此段海岸線通常會維持較長一段時間的平靜。

執行此一戰術最成功的案例，是大甲溪河口北岸的「南埔反偷渡案」。其過程之跌宕起伏、緊張刺激，雖事隔近三十年，仍然是我們袍澤聚會時津津樂道的話題。故事發生在雜草叢生，亂石嶙峋，河道分流縱橫的大甲溪北岸河口，屬於南埔班哨的責任地境。某個夏天的夜晚，海面波平如鏡，雷達哨發現在外海三海浬處有一艘可疑船隻定點滯留，為時甚久，似乎在等待什麼，經研判該船很可能是在等待漲潮時間，企圖絕不單純。我們原希望協調停泊臺中港的「保七」緝私艇前往查證，提前在海上加以攔截緝捕，但經以「紅海」一至七號連續呼叫，均久未獲得回應。於是，我和三三大隊長吳重河研究後，派遣作戰官沈坤宗少校，率領三三四機動中隊弟兄十餘人，悄悄趕抵南埔海堤，並前推至河口低潮線，隨著潮水上漲的高度，慢慢隱伏後撤，海水緩緩漲至高潮線，埋伏人員已經水淹及胸，沈作戰官看該船仍然紋風不動，後續行動不明，但大膽研判該船仍以俟機搶灘登陸機率最高，便以手勢要求所有人員維持隱蔽姿態，保持靜肅，稍安勿躁。嗣後果如所料，該船見海水滿潮，岸上亦無燈光或人車活動跡象，乃啟動馬達加速向海岸線突進，在高潮線不遠處突然停車，驅趕人蛇下海，不意正落入前推部隊埋伏的包圍圈內，

一下水還來不及反應，就在驚嚇的尖叫聲中，紛紛被這群從水中冒出來的「神鬼戰士」揪住，如果不是反應快，快艇駕駛員差一點也被掣扯下船，他在震驚之下，顧不得船上還有部分人沒有下船，就加大馬力向外海急駛而去，有幾個攀在船舷的偷渡客，甚至被拋摔入海。我猜那個可憐的駕駛員應該是從未碰過這種狀況，被嚇破膽了，他們絕對想不到這些人是那裏冒出來的。此一行動，在水際之前共緝獲偷渡客十二名，另外十餘名隨船逃逸。未能達成人船全數緝獲的佳績，固然有所缺憾，但已發揮極大震撼與嚇阻效果，此後大甲溪兩岸的海岸線安靜許久。

多年來，我們指揮部袍澤的聚會，每每提起當年夜黑風高、長時間隱伏浸泡海水中、默默忍受苦寒等不適和危險、突襲緝捕偷渡客的神勇往事，都眉飛色舞，非常自得，尤其是身臨其境、帶領弟兄「衝鋒陷陣」的沈少校，描摹當時的場景和發生過程，激昂的口述加誇張的動作，手舞足蹈，彷彿歷史畫面重現，讓人悠然神往，百聽不厭。所有的事情已成過去式，但這些英勇拚博、保衛國土海岸的故事，仍然會成為「江湖」上不斷傳誦的傳奇。

二六、情傳：通信與情報傳遞

查緝走私偷渡，必須仰賴情報蒐集，其中包括地區情報組蒐報、情治單位通知、線報、雷情分析或第一線的監控回報。三指部轄區，因為海岸平直、交通便捷和有特定地標容易識別接應等地理特性，走私的狀況較少，而以偷渡為大宗。在綿長的海岸線上，查緝、反制的情報蒐集，困難度也相對比較高。在我的印象裡，我們很少獲得來自情治單位有關偷渡的預警情報，即使偶有通報，也大多是空包彈，或造成一場虛驚，並沒有什麼特別的價值。換句話說，海巡部隊反制查緝偷渡，無寧更依賴本身情蒐系統的監控和情報傳遞，以及發現目標後的迅速反應，聯合圍捕。

正是因為如此，通信手段與其運作的程序、步驟、要領就非常重要了。如前所述，由於湯司令的高瞻遠矚，領先反應，我們在部隊編成、接替之初，指揮部與各大隊，即擁有由一輛載卡多七人座旅行車改裝的指揮車，在那個行動電話極為罕見的年代，車上裝設有 101V 無線電機。而指揮部戰情中心，大、中隊部戰情室，以及重點班哨，則配置有 101F 無線電基地臺，各班哨和步、機、車巡都配發 101P、102P，這些無線電機，性能和妥善狀況，都遠較陸軍老舊的 AN/PRC 系列的無線電機輕便、容易操作，也更有利於及時通報，掌握查緝時效。但也因為係以明語操作，在有限的頻道上，容

易為有心人所截聽，而必須自編一些特殊的代號與暗語，當然這些暗語用久了，也會被歹徒或有心人所破解，需要發揮創意、時常變換更新。

在有線電話方面的建置，各單位都配有中華電信的軍租線路、普通市話，且按據點部署兵力，裝設有一至兩具投幣式的公共電話，可以提供官兵私人連繫之用，以免佔用公用電話，影響情報的傳遞，甚至在情傳緊急時，是非常好的備援通信手段，且因為中華電信在線路佈設方面採高架或深埋，較不容易遭私梟、蛇頭的破壞。回顧數年前，個人擔任陸軍海防營長時，部隊仰賴野戰被覆線和四芯電纜的軍線，容易因自然因素和人為破壞而中斷，為了維持通信暢通，營部連的通信排經常疲於奔命，前後相較，相差甚大。

除了有、無線電之外，各單位也設有視聲號器材等輔助通信手段，看似老舊落伍，其實卻最可靠，除了受到濃霧、嚴重塵霾的干擾，白天的旗號，夜間的燈號、聲號，都是哨所與哨所、哨所與潛伏哨、步巡之間簡便易行的通連方法，在實際勤務執行時，也的確發揮了襄助的效果。

此外，我們律定了一套情報「順向傳遞」的作法，並且定時測試、驗證，以維持該一規定的熟練程度。該一方法是當某一據點發現突發狀況時，除了及時向上級回報外，必須立即向兩翼的單位實施通報，接獲報告的單位，應儘速將狀

況順向傳遞給下一個據點，一棒接一棒，迅速向兩個方向傳導。如果狀況嚴重，且須通報至友軍二指部或四指部所屬的鄰哨。此一作法希望達成的效果，如同「率然之蛇」（註：此一典故出自《孫子兵法》「九地篇」：「故善用兵者，譬如率然；率然者，常山之蛇也，擊其首，則尾至，擊其尾，則首至，擊其中，則首尾俱至。」），類似人體的神經傳導系統，是一點受擊，整體反應，既可提醒友鄰警惕、隨時準備支援，亦可避免不肖份子聲東擊西。

▲ 海巡部司令王上將在海岸線親考親教，指導基層查緝要領

當然，該一情報順向傳遞的方式，也有一些預料中的缺點，亦即指揮部或大隊督導時，各哨相互示警，使臨機突擊

督導效果大打折扣，而需玩起貓抓老鼠的遊戲。我去班哨督導，一般沒有什麼規律，常常是跳島式的，101V 的頻道，也經常調整，行蹤神出鬼沒，難以捉摸，連指揮部的戰情中心都無法預判我要督導的單位，因此各據點或埋伏哨被「通霄老大」突襲，也就不是什麼新鮮事了。

班哨為了預警上級督導，或監視海岸重要進出路，會想方設法，採取各種方式，爭取應變時間。譬如：仿效外島，在必經之路繫綁軍犬、土犬，拉上會發出聲響的空鐵罐等物品，或埋設電傳壓板，人員或汽、機車車輪壓過，觸動感應，監視哨的警鈴或警示燈啟動，哨兵就知道有人車接近了。後來，更進步的方法，是在出入口裝置感應照明，人車過處大放光明。總之，部隊的類似創意作法，不一而足，基本上只要有助於任務執行的，我們都樂觀其成。臺灣的教育水準很高，國軍官士兵素質不差，在勤務輔助器材的製作上，迭有出人意表的創意，應該就是所謂的「革命戰法」吧！

二七、戰備：落實備戰任務

海巡部隊平時擔任海岸管制、巡防任務，執行反走私、反偷渡、反滲透和反突擊（襲擊）等任務；戰時則納入作戰區作戰管制，編進作戰序列。狀況三（後改稱作戰準備與應急作戰時期）生效後，負責第一線守備和要點防護，掩護後方預備師之動員編成、戰術機動與任務接替，俟第一線守備部隊完成部署，即縮小正面，成為第一線防禦部隊，或退至第二線集結，實施整補，擔任預備隊或轉任其他任務。正因為平戰轉換的需要，因此在步兵營與憲兵營的編裝上，並無太大改變。

三指部平時巡防的區域，是苗栗和臺中兩個縣轄區的海岸。狀況三生效以後，守備第一線的責任區域，是后里軍（成訓中心）轄下步兵部隊防禦的正面。簽有支援協定，必須協助固守的軍事或民生重要設施，概有：臺中港，臺中港火力發電廠、通霄火力發電廠、海空軍雷達站、尖山要隘、虎頭山高地、南勢山高地等要點。各部隊後續的運用，三一大隊是完整的步兵營，被納入○○師指揮，縮小正面，擔任第一線守備任務；指揮部與三二大隊，則退至第二線集結，擔任預備隊。三三大隊納入○○師指揮，負責臺中港的守備。

互平戰轉換期間，臺中港的安全防護，係本部任務的重

看海的日子：寫我海巡弟兄們

中之重，必須嚴防敵軍襲擊奪取，以作為其後續登陸梯隊行政下卸之用。本部當年有兩個機動中隊，係部署在臺中港營區，而非全正面居中的通霄營區，雖然有考慮區域內各營區的容量問題，但位置選定真正考慮的主因，則是基於應急戰備上，必須先要確保臺中港的安全，防止敵軍特攻或空（機）降突擊。

海巡部八十三年度戰備想定撰擬評比，個人以「敵軍襲奪臺中港可能行動暨我軍反制之道」為主題，詳細臚列敵軍突擊臺中港的各種可能行動，並就港區地形地物特性，詳述我軍如何運用可用資源，先實施航道封鎖等反資敵作為，嗣用時空之利，以逸待勞，拘束遲滯突擊港區的敵軍，再結合作戰區地面與空中增援部隊，以地空整體作戰，實施掃蕩圍殲。因為行動方案切合臺中港的實際狀況，具體可行，該報告被評為優等，獲得總部頒獎表揚。不料十六年後，個人調中部地區服務，總綰作戰區防衛任務，重回臺中港指導港區守備部署，海巡的編裝、部署與隸屬關係，與我們當年迥然有別。站在信號塔制高點上，俯瞰物換星移、風貌劇烈變遷的臺中港，感慨萬千。

此外，海巡部副司令陳鎮湘中將調回陸軍歷練，出任陸軍第十軍團兼第五作戰區司令，也就是本部戰時的上級單位。他非常瞭解海巡部隊的狀況，認為海巡部隊是常備部隊，全員全裝，平時即有良好訓練，熟悉海岸線的地形地物，以及

敵軍從海上進入陸地的接近路線，較諸臨時動員來的部隊更有戰力，更能及時應付敵軍的奇襲或突擊。因此，他指示陸軍第一線守備部隊要妥善運用海巡部隊，形成強固的兵力部署和火力配置，在防衛作戰「殼墊錘」的整體防衛體系中，扮演重要的關鍵角色。（註：「殼」指第一線守備部隊，「墊」指的是敵軍登陸突破口的拘束部隊，「錘」指的是反擊部隊）

民國八十三年（1994）的「華山操演」兵棋推演，我和四指部指揮官周南強上校（陸軍官校四十六期）都奉命參與演習，個人特別回報三指部的兵火力部署和戰備訓練現況，以及臺中港守備的防禦、反資敵計畫，陳先生表示肯定。推演結束後，陳先生且率參演幹部換上體育服，攀爬頭嵙山登山步道，並在興中山莊會餐。

「國雖大，好戰必亡；天下雖安，忘戰必危。」建軍備戰是國軍的本務，不論敵情的威脅輕重，都必須腳踏實地，認真執行，勿恃敵之不來，恃吾有以待之，何況當前臺海戰雲密布，海峽兩岸劍拔弩張，敵情壓力深重，更無鬆懈之餘地。

二八、反制：圍困天威部隊

　　國軍有幾支特勤部隊（海巡部當年沒有特勤隊），這些部隊每年都要分梯次集中臺中谷關的特戰訓練中心或左營桃子園的陸戰隊特訓中心，實施輪訓，並接受期末的測考，以維持戰力水準。這些部隊的官兵，都是從各軍種精挑細選，經過嚴格考驗與訓練，體能與戰技遠超一般部隊。

　　特勤隊結訓前的期末演習，代號為「天威演習」，是重大考核與挑戰，測考成績事關部隊與軍種的榮譽，各部隊莫不全力以赴。測驗的方式，是由長官臨機挑選全國各地的機敏單位，譬如：海空雷達站、指揮中心、通信節點、大型油彈庫……等，進行滲透奇襲，一方面考評這些特勤部隊集訓的成效，另一方面，也測試各機敏單位的自衛戰鬥、自我防衛的能力，並且同步考驗作戰協定支援部隊，在狀況發生後，其應變速度和處置的能力。

　　因為天威演習部隊訓練精良，接近目標的方式多元，從空中、海上與地面突擊都有可能，神出鬼沒，飄忽不定，難以捉摸。以至於受到突襲的單位，一般反制成功的機率很低，在營區內能阻絕圍殲，已是不易，營區外加以圍困「殲滅」，更是聞所未聞。而被突擊成功的後遺症無窮，檢討安全防護漏洞與缺失，固然跑不掉，議處失職人員，尤在後續管制改

進之列，致各部隊都不敢輕忽。

當年的天威演習，實施前幾天通常會透過戰情系統，以電話紀錄發布，並頒布相關教制令，訓令各遭受襲擊單位配合演練，不得發生衝突，俘獲天威部隊官兵不得虐待、毆打等規定事項。因此，各單位一旦接獲此一類似預警，都戰戰兢兢，繃緊神經，唯恐天降神兵，猝不及防。我不瞭解天威部隊突擊成功的機率有多少，但是他們當年在三指部轄區內的突擊，是真正踢到鐵板，甚至是完全失敗了。

天威演習演練的程序，依照測考課目，一般是先在集訓地針對突擊目標區，實施沙盤推演，然後由較大船隻載運演習部隊出海，到達近海，利用夜色掩護，操舟接近海岸，嗣以長泳泅渡登陸目標區附近灘岸後，迅速集結整隊，分進撲向目標，尋隙實施地面攻擊，突擊成功摧毀目標，不待「敵軍」增援部隊抵達，迅速脫離戰鬥，撤退至安全地點歸建，是實打實的特種作戰。

當年度某梯次的天威部隊期末演習，突擊目標是中部地區某臨海機敏單位。原本應該是按上述程序由海上而來，海巡是第一線，偵察搜索的壓力很大，唯恐自己的管制責任海岸遭成功突擊登陸，如果不知不覺被摸上岸，造成的嚴重後果，絕不亞於反走私、反偷渡查緝任務的失敗。

唯演習預定期間的海象很差，海上船隻寥寥可數，且多

屬大型貨輪，我們正在慶幸演習可能已經取消，或轉移到內陸目標。不料某日入夜，突然接獲○○鎮後備幹部通報，有數輛大卡車載運百餘位黑衣人駛入該鎮某國小，攜有槍械，行蹤詭異。個人依照服裝與所攜武器判斷，應該就是天威部隊，在○○鎮駐紮整頓，待機行動。就地理位置來看，其後續的目標，以某地海軍雷達站最為接近，但也不排除是某處的空軍雷達站，其他單位不是距離太遠，就是有重兵把守，襲擊成功機率不高。唯因動向不明，本部不敢大意，乃通令各單位嚴加戒備，且拜託後備軍人輔導中心持續派人尾隨追蹤，指揮部亦派出專人監控渠等動靜。

上半夜，該一神秘部隊先乘車通過○○大橋，在○○鎮北方偏僻處下車，嗣以徒步行軍方式，沿著省道兩側，快速向北機動。經回報後，我判斷他們突擊的目標，應該是鎖定某友軍雷達站。為了避免打草驚蛇，於是一面通報雷達站加強戒備，一面秘密調兵遣將，要求雷達站兩側的海巡中隊部、班哨集結可用兵力，待命支援。大隊部的本部中隊機動分隊，亦完成機動準備，待天威部隊通過省道往○○港的岔路口後，出發尾隨，悄悄向其方向接近。中港大隊兩個機動中隊，完成向北增援準備，挺進至適當位置待命。完成整個部署後，就等著請君入甕。

天威部隊經過個把小時的行軍與分進，在任務地區一處隱密的廢棄工廠實施最後任務提示、協調與整備，並按預定

145

計畫，在翌日零時許，準時通過攻擊發起線，開始實施突擊。他們派出先遣人員破壞圍牆上的刺絲網，完成幾處突破口作業，然後分別魚貫而入，不料剛跳進雷達站，立即遭到站上守備部隊的圍捕，主力尚未完全攻入站內核心區，就發現自己已經陷入重重包圍，極為驚駭，帶隊的裁判官大聲質問「你們怎麼知道我們要來？」為了避免衝突，他們立即表明身分，裁判官也裁決其任務失敗，雷達站及增援部隊反制成功。

演習裁判組非常訝異行蹤何以會被掌握得如此確實，甚至懷疑天威內部有人通風報信。我到達現場，特別向帶隊官（記得是一位上校，是少數穿著野戰服的人）說明事情的原委。基於訓練目的和課目所需，隨隊裁判官要求支援的海巡部隊退出演習，由雷達站單獨配合天威部隊，實施機敏處所遭受突擊的攻防課目演練。

這個案例，讓我深刻體認到戰爭面經營的重要性，假如沒有○○鎮後備軍人的敏銳觀察與判斷，及時回報，以及海線其他後備軍人接續通報，我們怎麼可能如此精確掌握到天威部隊的全部行動，並領先反應做出相關的部署？兵法有云：「知彼知己，百戰不殆」、「先知不可取於鬼神，不可象於事，不可驗於度，必取於人，知敵之情者也」。事例雖小，卻有重大的啟示作用。

二九、友軍：海邊的情治單位

當年在海岸線守備和維持國境安全的，其實不是只有海巡部隊，數得出名號的還包括由海巡部情報處（原警總保安處轉型而來）直接指揮的地區情報組，政戰保防系統分置各地的布建（地區反情報組）；警政系統的警察分局、派出所和縣警局派到各大小漁港的檢管所站，以及水上警察局（舊稱保七警察隊，負責近海巡邏）；調查局的海事調查處、地區調查站：憲兵司令部派出的地區憲兵隊、憲調組（包含苗栗憲兵隊、臺中港憲兵隊等（苗栗憲兵隊位於苗栗市南苗、經常派車到海線巡邏；臺中港憲兵隊，則位於臺中港某處），財政部關稅總局緝私艦；海軍則定期派出○○作戰隊進駐臺中港；還有軍事情報局的小艇隊，甚至國安、電監單位，都或明或暗派人進駐海岸線，抑或機動派遣執行任務。我們轄內的臺中港，是中部地區唯一的國際港，港區北堤邊還有梧棲漁港，更屬國安、情治部署的重中之重。因此，密密麻麻的治安布建，難以細數。

我們接替海防任務之時，某位曾與我同時在陸軍官校任職、彼此非常熟識的團管區司令劉學長，曾私下好意提醒我：「老弟！在海邊至少有七個單位在監控你，千萬要謹言慎行。」我細心觀察，每當我的座車從指揮部出發，即有一輛銀灰色的日產轎車遠遠跟隨，若即若離，走到那裡跟到那

▲ 海巡部隊據點監視哨以高倍望遠鏡監看海面動態（資料來源：軍聞社）

裡，這種情況延續了將近半年，發現我的目的地，絕大多數都是海岸線的單位，或臺中的中巡部，幾乎少有私人行程或活動，或許是情治單位認為已無跟監的價值或必要，類似狀況逐漸減少。身正不怕影子斜，我自恃行得正坐得正，並不在意被監視，但這種情況的存在，適足以彰顯當年情治單位部署之嚴密、複雜，以及海巡單位在海邊地位之弱勢，幾乎每個單位都可以對海巡官兵實施偵防，把蒐集部隊軍紀安全事件，當做自己的績效。因此，海巡單位只能要求自己的官兵自律，不要成為別人累積績效的材料。

剛剛接防，基層部隊對地方生態非常陌生，一些潛規則也不清楚，初來乍到，被修理得很慘。前述崎頂偷渡案，我們將抓到的偷渡客十二人送到龍鳳班哨集中看管，靜待處理。不料一干情治單位聞風而至，客氣的要求列名共同緝獲，蠻橫者要求強行帶走一、二人，與我們部隊負責看管的人員相持不下，鬧得很僵。問題在於大家都要績效，有些情治單位

承認共同緝獲，有些單位則不予承認，本部同仁則認為偷渡客明明是我們抓到的，憑什麼讓你帶走？最後如何解決的，已經不復記憶。但第二天苗栗地方版的報紙，甚至全國版的報導，標題和內容都非常負面，不提抓到幾個人，反而刻意放大漏失的部分，是誰提供資訊給媒體的，不得而知。於是總部和中巡部的承辦單位坐不住了，紛紛趕來現場，或在電話中大加責難，說得一無是處，讓人很難堪。沒有全數緝獲固然是原因，但背後真正的原由是得罪人，被刻意放話修理了。

這是我第一次真正體驗到大眾傳播媒體的威力，以及眾口鑠金的可怕。嗣後，政戰處藍處長找到青年日報苗栗特派員鄭榮坤先生，請其幫忙引介各報駐苗、中海線的記者，逐一解釋，並允諾將來的查緝任務，將主動如實通報。鄭先生是苗栗苑裡的在地人，謙和誠懇，古道熱腸，對軍人非常友善，在記者圈的人緣甚佳，亙個人任期，他對本部遇到的各種媒播或民事問題，都能適時給予幫助，允為永遠的海巡之友，迄今仍然與我們維持密切的連繫，個人暨相關同仁感懷在心，不敢或忘。另外，指揮部也透過後備、後憲、情報組和團管區保防系統，改善與各情治單位的關係，特別是與通霄分局和縣警局檢管科，在工作上協調合作無間。與海邊各治安單位或友軍關係的改善，無疑為本部查緝任務的執行，奠定良好的基礎。

三十、環保：營區環境維護與綠化

移編海巡部隊過程中，無論是在坪埔營區或是海岸線的駐地，我們都曾面對一些非常嚴重而困擾的環境汙染與保護問題——垃圾及廢棄物的處理，以及部分營區秋冬季節風沙滾滾、毫無遮擋所造成的空氣汙染和生活困擾，讓個人深切瞭解到環境保護、改善與綠化的重要性。

當年的國軍部隊非常重視營區環境內務的整理，但現代化的整體環保意識仍在萌芽階段，精確的說，是對環境保護暨永續經營，缺乏真正的理解，當然也不知道應該採取那些措施，保護自己也保護別人，後來產生了諸多的後遺症，並為此而付出了重大的代價，迄十幾年後，我任職國防部，還在為油庫、靶場、醫院，核生化訓練場汙染土地，以及巡管不力，軍地被不肖環保蟑螂偷埋工業廢棄物（如爐渣、醫療廢棄物，工業、化學和營造廢棄物等）等問題，飽受輿論和社區的攻擊，奔走國會、環保署和地方政府之間，花了大筆預算，猶未處理完竣。

當年國軍缺乏整體環保意識最明顯的例證，是基層部隊幾乎都沒有編列廢棄物等垃圾處理的預算，缺乏垃圾分類、資源回收等觀念，對於一些高汙染的場所，諸如靶場、彈藥庫、油庫、加油站、放射性器材儲存，也沒有預先採取防止

汙染環境的周全措施，以至產生了非常多的問題，不一而足，經不起日益嚴格標準的檢驗，在後續處理上，總是處於被動和挨打的地位。

那時營區的垃圾處理方面，一般的作法，是協調地方政府的清潔隊代為處理。那個年代，社區暨部隊垃圾量都不多，且因國軍助民收割、替營房周邊社區打掃道路與整理環境，魚幫水，水幫魚，彼此關係良好，協調情商順便清理，大致沒有問題。後來，隨著都會化的發展，人們生活品質的改善，廢棄物與垃圾量與日俱增，逐漸使地方政府窮於應付，遂將協助軍方處理垃圾，視為累贅。大家關係好時，問題不大；彼此關係沒有搞好，或地方政府要求收費、回饋，軍方垃圾與廢棄物的處理，就產生問題了。每天持續產生的垃圾，沒有去處怎麼辦？基層部隊的處理方法，上焉者，採取在駐地附近挖坑焚燒、掩埋的方式處理。下焉者聽任基層棄置營區外的偏僻處，有空時再一併掩埋或作其他處理。最糟糕的方式，是任由下級部隊就近丟棄到樹林、有刺植物隱密處，圍牆外的護堤、外壕或水溝，沒有再做後續處理，反正眼不見為淨，更何況部隊輪調頻繁，必須去收尾的未必是自己。這種過客的心態，使部隊垃圾處理的問題，每下愈況，逐漸變成沉痾。

我們到坪埔整訓，發現垃圾無處可倒，請教原先駐紮的單位要如何處理，一直得不到答案，後來才發現整個營區已

151

經環繞著一圈垃圾帶，土堤防風林外原本深達一米多的阻絕壕溝，幾乎全被部隊經年累月的廢棄物填滿，景象嚇人。追究原因：自新竹軍裁撤後，該營區曾有金門外島調回臺灣本島的步兵第二八四師、軍團的工材庫和其他單位短暫進駐，過客的心態，與地方政府也沒有做好溝通協調，垃圾無法處理，無奈之下也就隨處棄置了。

　　我們整訓的時間，在民國八十一年底迄翌年三月，入駐時，正值冬天與孟春季節，周邊垃圾飄散的異味還不嚴重，且受到雜樹林和有刺植物的阻擋，在營區內也看不見垃圾堆，而整訓時間只有三個月，我們不處理，神不知鬼不覺，即使有人怪罪，冰凍三尺非一日之寒，我們的責任也不重。但整個營區被垃圾包圍，既不衛生、環保，更影響軍隊整體形象與觀瞻。個人幾經考慮後，基於國軍的利益和形象，乃下定決心徹底處理。我請政戰處長藍天虹中校協調新竹市環保局和清潔隊，請求協助清運新生的垃圾，該市以坪埔營區輸運距離偏遠，且每日產生的垃圾量太大，以該市的處理能量，礙難支援，但答應：如果部隊自行運往南寮海邊的垃圾場，可以免予收費。整訓部隊垃圾的去處有著落了，那營區四周滿坑滿谷的垃圾怎麼辦呢？就地覆土遮蓋？還是分類清運？前者只是鋸箭法，問題並未徹底解決；後者將耗費龐大的人力與時間，勢必影響任務訓練的整備工作，個人內心頗為猶豫和糾結。

看海的日子：寫我海巡弟兄們

　　後來，我決心積極徹底加以清理，還給坪埔營區一個乾淨的環境。乃與三個大隊長研商，凝聚共識，策訂分工。我們利用整訓準備週的環境內務整理時間，旅部連和三個營的兵力總動員，明確劃分責任區域，律定處理的程序、部驟和要領。先做垃圾分類，區分為可燃、不可燃，可回收或不能回收。不能回收、可燃材質的，就近挖坑利用夜暗時分燒掉，餘燼集中用土掩埋；無法焚化或可資源回收的，則集中檢整後，併新生垃圾以大卡車運往南寮垃圾場處理。而且，指派兵力順便把營區周邊的有刺植物（九重葛、瓊麻、野菠蘿等）、雜樹林，以及營區安全防護的自衛戰鬥工事（包括軍車疏散的掩體），也一併稍做修剪和整理。我們在將士用命的狀況下，整整花了一個多星期的時間，終於復原坪埔營區清潔嚴整的面貌，隱隱然飄散在空氣中的異味也消失了，晨間在營區內跑步，終於可以聞到高聳古松散發的香氣。

　　然而，此種環境汙染造成的難題與困擾，還遠遠沒有結束。我們接替海防任務，進駐各海岸據點後，發現民人或原駐部隊將廢棄物或垃圾棄置哨所附近防風林、海岸的現象，非常普遍。因棄置數量龐大、種類繁多，且散落範圍廣深，加以班哨人力有限，很難徹底清除淨盡。只好一面加強巡查，勸阻、制止新生廢棄物，一面將既有垃圾，由近而遠，慢慢清理。

　　此期間最誇張且棘手的，則是三三大隊部及兩個機動中

隊所在臺中港營區的垃圾，以及營區南側中港大排水溝久滯惡臭的廢水。該營區位於北堤防風林的前緣。周邊鄰近「靖廬」（最早收容大陸偷渡客的地方，後來偷渡客集中到新竹、宜蘭收容，該處就被閒置至今，我們接防時仍然維持堪用狀態，有保警看管）。臺中港憲兵隊、調查局海事調查處等單位，近在咫尺。隔著馬路和一堵高牆，就是北堤派出所、港區北堤碼頭區和梧棲漁港。

　　該營區原為苗栗師一個步兵營正常使用，營長是晚我兩期的學弟。營區主要的建築，是兩棟四層樓高的兵舍，以及廚房、餐廳和二級廠等相關設施，係非常制式、完整的陸軍野戰部隊營區，應該很好整理。交接後，我帶著三三大隊長吳重河、大隊輔導長，三三三、三三四中隊長等幹部，巡視了營區內外的狀況，發現其中一棟大樓的四樓，門窗玻璃、紗網破損不說，滿地的垃圾，丟棄的軍事刊物和散落的軍品，到處可見，以及厚厚、久未清掃的灰塵，讓人深感不可思議。是年久失修、走得匆忙？還是內部管理太鬆散、死角太多？抑或既然要移編他人，乾脆擺爛不管？基層部隊缺少修繕經費，可以理解，但保持不髒、不亂、不破、不爛是基本要求。總之，我無法理解狀況何以如此糟糕，但眼見老單位此一情況，雖然來自於憲兵的幾位同仁沒有說什麼，倒是我覺得很丟臉，無顏面對新納編的憲兵二一九營。

　　至於營區外的狀況，較諸坪埔營區更糟糕，北側圍牆外

的垃圾，堆積如山，幾乎快跟圍牆一般高了，大風一吹，紙屑、塑膠袋和樹葉等較輕的垃圾，紛紛飄散回到營區內，像迴旋鏢一樣，你丟我還，怎麼掃也掃不乾淨。據了解，其原因是原駐軍單位與清水鎮的清潔隊交惡，清潔隊已經有很長一段時間拒絕幫該營區收垃圾，基層部隊迫於無奈，只能就近棄置看不到的北側圍牆外，大型垃圾則丟棄到防風林深處，長期積累，無論品項或數量，都蔚為奇觀。

我充分瞭解：海巡部隊接收該營區，不是短時間的過境，而是長期駐紮，必須永續經營，善加對待，不可以有五日京兆的心態。為了環保與官兵健康，且避免引起防風林火災，我指示吳大隊長務必儘速、徹底予以清除。由於該營區週邊的環境特殊，清理的方式讓大隊部傷透腦筋。這些垃圾堆，緊臨港區、防風林和靖廬，挖坑集中焚燒的方法，風險太大，勢不可行。外運棄置垃圾處理場，工程浩大，人力、經費和時間都不允許。經過再三研究，決定先做垃圾分類減量，有些待修件裝備另件或軍品，以及可以回收的廢棄物，先挑出來集中，依規定報繳或另做處理。嗣後，租來兩輛大怪手，在防風林的外緣，挖了幾個長近十公尺，寬度和深度各達數公尺的大坑，將所有垃圾通通推入坑洞內，以一層垃圾一層泥土，逐層覆土掩埋的方式處理，最後確實加以夯實，種上草皮和小樹，該一工作整整花了兩個多禮拜，總算大功告成。我跟執行這些工作的幾位重要幹部開玩笑說：再過千百年後，

說不定那個地方可以挖出煤炭或石油呢！實在有幾分無奈和感慨。

至於日常新生垃圾清理的問題，則透過臺中港憲兵隊、後憲、清水後備軍人輔導中心與港務局等單位，居中幫忙協調、緩頰，仍請清水鎮公所支援服務，費盡九牛二虎之力，該鎮清潔隊才放下先前對駐軍的芥蒂，勉強同意幫我們收垃圾，但要求災防工作與清潔日，能優先支援該鎮。在我任職期間，該一作法都能執行無礙。軍民都是一家人，魚幫水，水幫魚，密切溝通協調，沒有什麼不能解決的問題。

此外，海巡部隊的第一線據點，大多緊臨海岸、背依防風林，除了麗水、北堤、半天寮等少數據點外，基本上沒有綠化植樹的需要。但二線的營區，則座落於防風林和海邊聚落之間，如果綠化成果不佳，夏天很熱；秋冬季節，強風過境夾帶沙塵，影響健康，也帶給官兵諸多不便。尤其遇到長官視導，營區空曠處風沙滾滾，輒造成負面印象。三指部轄內二線營區，三一大隊部在龍港營區，該營區位於南勢山西北麓，距離海邊較遠，雖然綠化狀況有待加強，我們在營區內種植了數百棵樟樹苗，存活率不甚理想，但問題並不嚴重。三二大隊部在通灣營區，幅員狹小，幾被建築物佔滿，內有幾株高大的老榕樹，需要綠化的空間有限。問題比較大的營區，應屬三三大隊部暨兩個機動中隊所在的台中港營區，以及指揮部所在的通霄營區，急需植樹改善環境和營區的氛圍。

　　司令王若愚上將第一次視導臺中港營區，剛下車，站在大操場邊上，只見沙塵滾滾，圍牆外大排水溝的惡臭，撲鼻而來，眉頭一皺，認為此一營區環境內務很糟糕，頗有微詞，嘟囔了一句山東土話（應該不是什麼好話），差一點連慰問金紅包都不發就掉頭走人，所幸湯司令及時做了解釋，並比較任務接替前後的狀況，以及三三大隊幾週來的努力成果，王司令才稍感釋懷，臨走前頻頻叮囑要改善該營區的環境，尤其是綠化和廢水汙染問題，應該優先處理，還給官兵一個乾淨、舒適的生活空間。

　　於是，臺中港營區在吳大隊長帶領下，展開了環境改造大作戰。該營區缺水，種樹存活率堪虞。考量原生樹種已經適應臺中港高鹽份、高旱、強烈風沙的環境，乃決定就地取材，到溫雅寮防風林深處挖掘榕樹苗移植，以及向苗圃（在大安溪北岸，相距不遠）申請抗旱的樹種，有計畫的經始、擘劃，種植於營區空曠處，並且策訂官兵認養制，律定獎勵辦法，提升存活率，重獎之下必有勇夫，官兵窮盡各種方法把樹種活，有老遠端洗臉水，或舀大排水溝的髒水澆樹，甚至將雨水儲存在塑膠桶備用……，招數迭有創意。在主官重視、官兵用心之下，經過半年多的努力，原本光禿禿一片的營區，呈現鬱鬱蔥蔥的嶄新風貌，感覺整個環境磁場和氛圍都改變了。

　　至於大排水溝積水的處理，則先將髒水抽乾，疏濬溝底

陳年汙泥，並商請港務局，請其協調、約束港區北堤各公務單位或私人企業廢水的排放，疏通被積沙嚴重堵塞的排水口，嗣後隨著多次雨水的沖刷，其臭味雖然並未完全消除，但已逐漸減輕。是年底，王司令再度蒞臨臺中港營區春節慰問，下車後，為營區景觀的鉅幅改變所吸引，駐足環視良久，對於該營區綠化改善環境的努力成效，大表肯定，此案也充分證明事在人為。

▲ 原海巡三指揮駐地舊址

通霄營區是指揮部所在，位於通霄火車站西側（背面），緊鄰火力發電廠和海水浴場。火車轟隆通過，以及火力發電廠發電機的巨大聲響，初期輒造成嚴重干擾，久而久之，大

家便漸漸習以為常。該營區幅員不大，進門有兩棵大榕樹，通過兩塊不大不小的草坪，就是接待室、戰情室以及指揮官、副指揮官、參謀主任等三位高勤官的辦公室（政戰處長在另一側的營舍）。草坪空空盪盪，個人認為應該予以綠化，俾改善生活環境。該空地靠近營舍，不宜種植榕樹或橡樹等根系極具侵略性的樹種，且我們沒有多餘的經費買樹苗，於是找上個人營長任內的充電士、退伍後繼承家族育苗事業的陳房從先生，蒙其慷慨支援，免費贈送滿滿一小貨車、高約兩公尺的樹苗，其中不乏極為珍貴的樹種，他還特別交代帶隊前往彰化田尾搬運樹苗的本部中隊長，如果數量不足，可以再赴其樹苗園圃挖取，絕對滿足老營長部隊的需求，盛情感人。時隔近三十年，那一段退伍弟兄慨贈樹苗的濃厚袍澤情誼，仍然常在我心。

　　多年前，個人前往苑裡鎮參加鄭榮坤記者母親的告別式，路過通霄，特別轉到指揮部懷舊，舊地重遊，發現該營區已經被拆除得差不多了，僅剩中間高勤官辦公室的兵舍和幾棵大樹。據當地人說，該營區已由苗栗縣政府辦理撥用，將改建為通霄小鎮的運動公園。環顧幾棵樹冠廣大、綠意盎然的大樹，心中頗有所感，所謂前人種樹，後人乘涼，通霄的鄉親哪！綠蔭之下，切莫忘記前人種樹的苦心。

三一、保修：探照燈、強光燈維修

　　海巡部隊監視海面，白晝由海哨以四十倍或二十倍望遠鏡往復監看，位於河口、岬角等重點班哨，則同時配有平面雷達掃描。入夜後，除了雷達監控，班哨步巡、中隊部機巡、大隊部車巡，各級定時交叉巡邏會哨，指揮部不定時車巡督導外，各據點監視哨因夜色昏暗，視野受阻，必須借助強光燈、探照燈，遠射手電筒，以及依照各哨狀況設計的照明系統，定時或不定時來回掃描監視。

　　因為海哨夜間監視時間長達十二小時，如果哨兵未按程序操作，適當間隔冷卻，強光燈、探照燈等器材容易過熱，輒造成保險絲熔斷或反射聚光板燒掉而故障。此等裝備都是國造，且本身並未具備精密、高度技術，只是尋常的照明器材，民間的品牌比比皆是。然而按照後勤裝備補保系統的規定，這些器材屬於工兵裝備，故障後禁止自行拆卸，必須後送聯勤總部的工基處修復。但全國各部隊夜間照明器材數量龐大，故障的數量也頗驚人，據後送裝備到該處的弟兄回報：工基處故障裝備待修區的照明裝備堆積得滿坑滿谷，加上工基處的業務龐雜，負責各類工兵裝備五級修理與保養，待修的不只照明設備。因此，修復速度永遠趕不上故障送修的數量，以至於後送維修，快者三個月，慢則半年以上才能領回，係非常正常的現象，有些甚至因拖延太久而脫管，無跡可尋。

看海的日子：寫我海巡弟兄們

這種情況，嚴重影響第一線據點的監控任務，但因補保維修卡在五級廠，卻也無可奈何。

我深入瞭解問題所在，認為工欲善其事必先利其器，器材為任務而設，幹部有責任為基層解決困難，何況該等裝備並非高科技的精密器材，應該可以找到解決的方法。我們找了一些具有機電與電子專長的幹部、預備役官兵研究，發現探照燈與強光燈損壞的主要原因，絕大多數是保險絲熔斷，其次是反射聚光板破損，其他的成因較為罕見。造成此等損壞狀況的因素，在環境影響方面，器材長期在海岸線執勤，雖然有自製的防潮箱儲存、利用晝間除濕，但大部分時間，還是曝露在高鹽份、高濕度的環境中，容易造成腐蝕或短路。在人為因素方面，因義務役官士兵離退頻繁，如果操作訓練不到位，技巧不熟，作業程序錯誤或預熱、使用完冷卻的時間不足，在在都足以造成故障或性能受損。在裝備的品質方面，當年的材質和工藝水準不如今日，其耐用程度實有不足。因此，要徹底改善照明設備故障率偏高的問題，必須釜底抽薪，確實從人員裝備操作訓練和建立本身的維修能量開始做起。

探照燈與強光燈的操作，是全哨所有官兵必備的技能，因此，自哨長到炊事兵，人人皆須接受訓練，嚴格要求遵照程序、步驟、要領實施操作，照射與停歇冷卻有時，不可操之過急。此外，該等裝備維修，其實沒有什麼高深的學問，

換保險絲很簡單，只要稍具電機常識的官兵即可執行，材料在民間電子材料行很容易購得，也很便宜；投射聚光板比較貴，抽換程序也較為複雜，但指定專人略作訓練，做起來不難。最大的問題，則是卡在上級的後勤紀律和維修規定：裝備故障後，一、二級單位不得擅自拆解（註：當年陸軍的保修體系分成三段五級，1. 單位保修：共分一、二級。一級是裝備保管人／操作手，只需實施潤滑保養跟外觀保養。二級是營級支援排／保養排，即俗稱的二級廠，實施更換一般耗材與次總成件，一、二級料件補給和意外狀況處理。2. 野戰保修：共分為三、四級。三級是師旅群的保修／支援營連，處理裝備拖救，總成更換，或實施三級鑑定後，轉送五級；戰時伴隨直屬單位開設支援點。四級是軍團聯保廠，負責防區料件撥補、總成翻修和二級廠人員訓練，技術通報處理、機動遊修，戰時開設保修點。3. 基地保修：即五級，直隸陸軍後勤司令部或聯勤總部，負責裝備／料件接收、技術手冊編纂、裝備大翻修或性能重建。在海巡系統沒有完整的保修補給系統，三級以上之能量，必須仰賴陸軍或聯勤之支援），必須後送工基處處理。是以，如果能協調上級保修單位，透過其訓練與認證，建立本身維修能量，既可縮短恢復裝備妥善的時間，也可減輕上級維修的負擔，豈不是雙贏？

　　負責修理該等裝備的工基處，位於臺中烏日，與臺中港近在咫尺。因地利之便，我親往拜訪該處相關主管，詳述海

看海的日子：寫我海巡弟兄們

巡單位目前面對夜間照明設備故障率偏高的困境，提出自己的構想，希望選派具有機電專長的官兵前往受訓，學習相關維修技能，俾能及時排除小的故障，不要大事小事都要求助工基處。該處正苦於人手不足，待修件大排長龍，便爽快的答應了。本部希望每個哨皆能儲訓維修人才，乃指示各中隊挑選幾位役期較長（志願役士官優先）、反應敏捷（若具機電專長更好）的弟兄，區分數梯次，前往烏日受訓，訓期兩週，食宿都在工基處，一方面學習維修技能，另一方面也在教官輔導下，實習修復待修件。本部官兵因具強烈動機和使命感，學習認真、工作勤奮，且能在課餘順便幫該處出出公差，協助打掃、打飯、修剪草坪等勤務，深獲工基處官兵好感，皆願傾囊相授，給予維修完訓證書，且於結訓時贈予部分維修料件，最重要的是與工基處建立了良好關係，有利嗣後的持續合作。

　　海巡勤務很重，人力拮据，抽調兵力到工基處受訓，單位要承受相當大兵力不足的壓力。所幸皇天不負苦心人，歷經數月的培訓，各中隊皆已具備自行修復裝備的能量，後續各梯次人數依需求調整，不須再抽調大量人力。而第一線探照燈、強光燈發生故障，都能經培訓人員的修復，在最短時間內大放光明，對於海面及可疑狀況的搜索與掌握，以及嚇阻不法企圖，皆發揮了很大的功能，尤在定期裝檢和上級的督導時，更是大獲肯定。

最明顯的例證，便是陳鎮湘將軍高升海巡部副司令後，以其勤走基層的招牌習慣，隨即展開督導各部隊的行程，視導時間，大多選擇在勤務重點的夜間。他由北至南逐哨督檢，據說北部某單位受檢時，探照燈與強光燈妥善者寥寥無幾，入夜後海面一片漆黑，束手無策，僅靠自備的手電筒微弱燈光掃描，陳先生對於該一情況大為不滿，要求儘速改進。後來，他督導三指部各據點時，發覺照明裝備幾乎全數妥善，僅有一件臨時產生故障，也能立即修復，對比之下，既肯定又表訝異，乃指示北部某單位前來請教提升裝備妥善率的作法，個人也毫不保留，將該一改進的具體作法，甚至與工基處協調的管道，皆傾囊相授。至於該部後續的改善狀況如何，就不得而知了。

這個經驗告訴我們，部隊一定存在林林總總各種問題，身為單位的指揮官，必須要有積極處理問題的決心，化不可能為可能，絕不能坐待上級支援，以沒人、少錢，規定不准等理由自我設限，做為託詞，苟且度日，拖延而無所作為。消極待援的心態，絕對無助於問題的解決，徒增基層官兵的困擾與痛苦，需要幹部發揮自立自強的精神，大家腦力激盪，善用可以利用的資源，找到可行的精進作法，才能克服困難、達成任務。

看海的日子：寫我海巡弟兄們

三二、盡心：編外陣營具的籌借

　　三指部編成時，因為中巡部湯司令的超前部署，要求各團管區釋出庫存的陣營具，並完成檢整，主動前推到海邊各據點，汰換陸軍原有老舊的內務櫃、餐桌椅，對海巡各大中隊、班哨的生活設施改善，發揮了很大的功效。惜乎二線的指揮部暨直屬部隊並未受到同等的眷顧，且陸軍留交的陣營具非常老舊，部分甚至已經不堪使用，其中尤以辦公桌椅、電腦為然，有待設法解決。此外，駐地在通霄鎮虎頭山上的訓練中隊，係新編單位，負責新兵專長銜接訓練、新進幹部講習和專案集訓等任務，其生活設施除了雙人鋁牀以外，其他均付諸闕如。嗣經東挪西借，到處求援，仍有不足，尤其是沒有上課的課桌椅，必須用鋁質小板凳和圖板湊合著使用，或帶往餐廳上課，實在不像上軌道的訓練單位，讓人頗感頭疼。

　　某個週日，個人休假回家，向任教復興劇校（現已升格為國立臺灣戲曲學院）的內人提及此一煩惱。她靈機一動，想起學校整修大禮堂，地下室清出一堆辦公桌、椅，劇團演員書寫劇本的折疊式書桌椅（一體化，書寫用的平板可以翻上轉下），貴賓室的太師椅、紅木觀賞椅，看來閒置已久，極可能已逾使用時限。且已運用年度預算購進一批新電腦，準備汰換舊型電腦。或可詢問這些物品是否已達汰除時間，

能否轉贈部隊再利用？嗣經內人向總務處承辦人員查詢，辦公桌椅已達汰除年限，準備依法標售或送清潔隊處理，太師椅、紅木觀賞椅係貴賓觀賞戲曲演出之用，且屬高價物品，無法轉贈，倒是提供劇團演員使用的折疊書桌椅五十餘張，雖未達汰除年限，但使用率極低（甚至根本未曾使用），且數量多，長期佔用地下室很大儲存空間，管理暨維護都很困擾，將請示是否可以借予軍隊使用，充分發揮其效能；舊電腦十九部確達汰除年限，年度內將依規定處理，如欲轉贈部隊，須呈文教育部報備（復興劇校係教育部直屬單位）。

　　查明狀況後，我在內人協助下，即積極協調轉用的處理程序與方法。劇校校長王敬先先生是軍職轉任的前輩，對於國軍有極深的感情，慨然允諾在法規許可狀況下，全力支援。嗣由本部以正式公函，請劇校將屆滿年限汰除的辦公桌椅、老舊電腦，辦理轉贈，由我們執行後續的處理。尚未達到汰除年限的五十餘張折疊式書桌椅，則以暫借方式辦理借用，如被上級、審計單位糾正或學校另有所需，本部無條件原璧歸還。經過再三協調確認，並完成所有行政程序後，由本部副指揮官陳治銘中校，調借其姊夫磁磚廠運貨到台北的回頭大貨車，到劇校載運，裝了滿滿一車回到通霄。

　　這些桌椅和電腦，看似已屆年限，但因使用環境、保存條件良好，作業量也較低，其妥善狀況，較諸我們歷經海邊環境摧殘的原有設備，實在好太多了，我們略做檢整、保養，

便發予各單位使用，電腦甚至支援到大隊部，當年指揮部或大隊的幕僚同仁，應該還留有印象吧。五十餘張折疊式書桌椅則運上虎頭山訓練中隊，提供新兵或集訓人員使用，發揮了很大的功效。

時間過去將近三十年，物換星移，這些受贈或借自臺灣戲曲學院的陣營具早已不知流落何方，回顧當年克服困難用心經營部隊的過往，懷念不已。特別要感謝復興劇校，尤其是王敬先校長和總務處相關人員的鼎力相助，在法規允許的情況下，關照海邊的艱困部隊，讓國家的資源能發揮最大的功效。

此外，個人離開三指部到三軍大學戰爭學院（舊址位於大直，目前為國防部所在）受訓，恰逢陸軍學院（在同一校區）準備將木製的內務櫃，代之以鐵製內務櫃，據了解該批內務櫃兩百餘座，均係實木所製，妥善狀況甚佳（個人四年前在陸軍學院受訓，即是使用該批型式的內務櫃，故知之甚詳）。我評估過實木材質的陣營具，較諸鐵製品更適應高鹽份、高濕度的海邊環境，防鏽耐腐蝕，也更適合海巡部隊使用，乃積極協調老長官三軍大學總務處長戴茂誠上校，以及後勤科長魯再生上校，表達希望將這批內務櫃轉撥三指部運用的意願，戴處長很爽快就答應了，指示勤務連集中在定點，等待撥交。我很快通知了三指部相關高層與主管人員，希望他們趕快派人帶著公函、押車前來接收，不料指揮部先是拖

拖拉拉，後來直接告訴我：距離太遠，派車有安全顧慮，作業太麻煩，不要了。沒有經過多久，這批內務櫃就被關渡師全部接收載走了，令人扼腕。

　　這些往事彰顯：有心才有力，只有心存基層的幹部，才能隨時隨地以基層的福祉為念，願意排除萬難去做對官兵有利的事情。軍力有限，民力無窮，帶兵、練兵和用兵，要懂得善用各種資源，解決本身的問題，不能事事仰賴上級的支援和協助。

▲ 海巡部隊高裝檢查

三三、健康：細心的醫療服務

　　三指部有一座袖珍但充滿愛心的醫務所，位於指揮部鄰近的三二大隊部。該所與指揮部同時成立，沒有任何基礎，空間很小，設施設備都非常陽春。所裡除了所長以外，還有三位醫官。所長毛仲夷少校，是國防醫學院公衛系畢業，服務熱心，任事積極，跟上級醫療主管單位暨國軍八〇三總醫院（現已更名為國軍臺中總醫院，位於臺中市太平區）關係良好。醫官許惠就中尉，是國防醫學院醫學系畢業，是很樸實的本省籍年輕人，憨厚而親切，他的臨牀經驗很紮實，離開三指部後，到國軍高雄總醫院骨科部服務，頗有醫名。柯博仁少尉，是臺灣大學醫學院的高材生，英俊瀟灑，溫文儒雅，戴著一副厚厚的近視眼鏡，對待官兵非常謙和有禮，絲毫沒有名校畢業的驕氣，據說其家世顯赫，父親是臺灣有名的會計師，未婚妻是臺大營養科系畢業，因為畢業較早，且不需服兵役，已經在林口長庚醫院擔任營養部門的主管。柯醫官退伍後，進入民間醫院行醫，現為林口長庚醫院心臟外科的名醫。邱〇〇醫官，是苗栗在地的客家人，中山醫學院畢業，醫學專業很棒，但精神狀態有點狀況，很自閉退縮，給士官兵看病時，發揮其專業，充滿自信，很是正常，但遇到軍官或有講話嗓門較大的人時，都會顯得手足無措，眼神急忙閃避，恨不得找個地方躲起來。他特別害怕副指揮官劉

明海中校，遠遠聽到他的聲音，就會急忙躲進寢室。我找了邱醫官的父親，希望能幫他暫時辦理停役，安心去治療，畢竟留得青山在不怕沒柴燒，痊癒後可以造福更多的人群。但他父親卻苦苦哀求，堅決不同意，理由是害怕辦理停役，留下不良紀錄，爾後無法參加公立醫院的甄試，會影響他的前途。我念及他的狀況，還不至於影響任務執行，也就沒有再堅持己見。我離職後，據說他也在三指部順利退伍了，不知其現況如何？個人衷心祈望邱醫官恢復健康，造福社會，成為父母心心念念的名醫，無負渠等望子成龍的願望。

三指部的部隊，散布在一百多公里海岸線上的四十幾處營區，絕大多數交通並不便利。然而人吃五穀雜糧，沒有永遠不生病的，尤其一些蛇蚋、害蟲容易出沒的據點，更不能掉以輕心。為了解決官兵的健康維護問題，我們在各班哨設置醫務箱，存放各種常見疾病用藥（如感冒、腸胃不適、頭疼、香港腳、輕微創傷包紮……），有蛇類出沒紀錄的據點，且在冰箱預置毒蛇血清，藥品、血清定期補充汰換。且要求所有官兵均施予心肺復甦術和簡易急救、護理訓練，以備不時之需，救人自救。

其次，是調查各沿海鄉鎮醫療院所分布的狀況，詳列其科別、能量和時空因素（距離多遠，路況如何、車行時間），指導各班哨急診或一般門診處置的要領。我們並且親自拜訪海線上較大規模的公、私立醫院（譬如沙鹿光田醫院、梧棲

看海的日子：寫我海巡弟兄們

童綜合醫院、省立大甲醫院、苑裡李綜合醫院……）或鄰近班哨的診所，希望在我們的官兵有病痛時，能及時伸予援手，給予適當治療。

　　位居全正面中心的醫務所，除了平時的門診、急診工作外，還要騰出人手，搭配指揮部的心輔官，逐哨逐點，尤其是偏遠、艱苦的據點，執行定時巡迴醫療服務，週而復始，循環實施，因此工作量負擔很重。在我的印象中，醫務所的醫官們熱忱和溫馨的服務，極獲官兵肯定，受到各部隊的歡迎，從未接獲任何的負評或投訴。醫者父母心，我們的醫官在海邊無怨無悔為官兵付出，所以贏得他們的尊敬。

▲ 中巡部司令湯中將主持三指部反走私、反偷渡勤務推演

三四、應變：明確任務指導

　　軍隊是有組織、有紀律的團體，層層節制，靠著統一號令，協調合作，始能發揮統合戰力，圓滿達成任務。因此，指揮官給下級做明確的工作指導，是一種責任，也是彰顯本身的指揮道德，代表勇於負責。而部屬如果對命令有疑問，必須意見具申，質疑、複誦，實施確認，以確保任務可以精準執行並如期如質完成。反之，如果上級的指導不明確，下級一知半解，囫圇吞棗，甚至誤解或扭曲上級的指示，那就會釀成災難。

　　我在三指部任內，曾發生一件事，說大不大，卻是一個值得警惕的經驗教訓。事情是這樣的：某次臨時接獲通知，司令王上將預於次日上午蒞部視導，我帶著本部中隊長等一干幹部，先做了預檢，並現地指示應改進或加強之處，見到大門內的水泥地坪有坑洞和裂縫，就要求本部中隊加以填補彌平。預檢完後，即驅車前往下級部隊督導。傍晚回到指揮部，發現水泥坪已經全部被挖開刨除，本部中隊長帶著幾位弟兄，滿頭大汗，趴在地上攪拌水泥鋪地。老天啊，叫你修補，卻整個挖開重鋪，看似勇於負責，任事積極，然而，也不惦掂惦掂時間和能力，況且按照這種土法煉鋼的作法和速度，鋪個三天三夜也完成不了，而王先生明天早上就來了呀！看到他可憐巴巴、低頭雙手下垂，佇立一旁，像個剛剛做錯

事的小孩，我又急又氣，但已無暇責問，立即指示戰情官通知各大隊，各單位泥水工、綁筋工帶著工具，在一個小時內到本部中隊報到完畢，隨即要求現場人員清理場地，並作經始劃線，估算所需攪拌水泥數量。接著緊急向通霄後憲中心請求支援，央請協調經營水泥攪拌工廠的後憲幹部，請其運送數車攪拌水泥備用（很幸運他們供應某工程的作業還未收工）。經過一番緊急處置，在人力、材料都到位後，即連夜趕工，終於在翌日凌晨三點多完成水泥坪的鋪設，此時距離王先生蒞部還不到六個小時，確實是發揮了「一夜精神」，問題是屆時水泥坪乾了嗎？想想就頭皮發麻，但事已至此，只好隨他去了。

第二天一早，水泥坪大致已經乾了，但仍有部分看來留有水漬痕跡，恐不耐重壓或踩踏，尤其是不可放行車輛進來「蹂躪」。上午九點，王先生帶著總部相關幕僚準時來到指揮部，我在門口恭迎，徒步走進接待室，大福特等車輛則誘導停在營區外的停車場，因為人數眾多，行色匆匆，沒有什麼人注意到腳下的狀況，王司令從進門、視導到離開，神情也沒有什麼異狀（或是故意裝著沒有看到？）。此期間，僅有中巡部作戰處張處長細心觀察，私下悄悄問起「黃兄！這是什麼時候鋪的？」，我只能吱吾其詞，沒有明確回答。待所有長官離開後，我回頭再仔細看看那片水泥地，發現留有淺淺的幾個腳印，心想還好車子被擋在營區外，否則哪經得

起輾壓！這個緊急事件處置算是有驚無險過關了。

　　事後，我在幹部會議中特別對自身暨本案做了檢討，告訴所有在場幹部：指揮官指導明確的重要性，並且闡述目的與手段的關係，企圖心旺盛值得鼓勵，但必須考慮時間，人力、物力等資源與條件，是否足以支持企達目標的完成？如果沒有細作評估規劃，眼高手低，貿然蠻幹，極可能造成無可挽回的災難。舖水泥坪事件是件小事，唯做事的理則相通，蘊含很嚴肅的道理與經驗教訓。

▲ 海巡三指部軍紀講習和研討會

三五、眷探：漁港邊的眷屬招待所

　　個人自從軍以來，只要擔任主官（管）職務，所有的年節或連續假期休假，都禮讓他人休假，自願留守。不是假清高，或不重視家庭生活，而是認為身為主官（管），和副主官、軍政幕僚長等高勤官搶休假，是一件非常沒有格調、很難為情的事。況且重點時間，指揮官親自坐鎮，部屬有靠，長官安心，自己也能親自掌握最新狀況，及時指導處理，總比人在家中坐，心裡老惦記著部隊狀況要踏實多了。

　　內人和孩子們都非常瞭解我的個性，也頗體諒。留守期間，通常內人會帶著孩子們來眷探，參加部隊的祭祖、團拜和會餐，也順便讓孩子們瞭解爸爸的工作，敘敘父子親情。然後，他們留在辦公室看電視或看書，我則繼續到外頭慰問、視導部隊，晚間則留宿部隊寢室、招待所，或營區附近的旅館（個人擔任梧棲海防營長時，還曾借宿營部後方、暫時淨空的靖廬）。如果部隊距離近，吃過飯就請他們打道回府，留我在部隊忙公務，這套模式在個人四十年軍旅生涯中，幾乎沒有改變過。

　　民國八十三年春節，是我們接替海防任務後，在海邊的第一個過年，我援例在指揮部留守。那一年，長女懿慈就讀國中、次女懿寧唸小學，小兒獻寬剛滿周歲又一個多月，一

干人等拖家帶眷，搭海線火車到通霄眷探。當年沒有第二高速公路，通霄的交通不如現在便捷，市鎮也沒有現在繁華，整條街上連一間像樣的旅館也沒有，海水浴場冬季停止開放，小木屋也歇業。當天晚間，我們一家跟著本部中隊一起吃年夜飯，參加祭祖後，我和李文鎮處長就分頭去慰問各據點，留他們母子四人在辦公室守歲和看電視，自己照顧自己，兩個半大不小的女生，逗弄比自己小十幾歲的嫩娃小弟，倒也自得其樂。

我的辦公室只有一張單人牀，而且也不適合小娃娃睡覺，最後只好請傳令借來幾塊體測使用的軟墊，舖上軍毯和棉被打地舖，讓他們坐臥休息。凌晨兩點多，我從海邊回到指揮部，孩子們已經都睡著了，僅有內人還在看書。抖落海邊的風沙，在暈黃的燈光下，我有些歉疚。此一情景，指揮部昔日的同仁，迄今仍有深刻印象。回想當年此一狀況，讓人頗感辛酸，但退一步想，一家人能平安、健康團聚在一起，即使環境再簡陋，條件再差，何嘗不是一種幸福？但總覺得不能提供眷探的家屬一個較舒適的空間，不無遺憾。

嗣後，我到三二大隊後方的通霄漁港視導部隊操課。該漁港原本有非常多的捕魚膠筏，作業繁忙，因此設有檢管站。但近年來因為海象改變，冬季的飄沙隨海流帶進航道，港區日漸淤塞，膠筏或停業被拖上岸，或轉往附近漁港靠泊，漁會辦公室與倉庫基本處於閒置狀態。但港區的水泥坪，倒成

了本部中隊與三二大隊部操課的好地方。此時，我不經意發現港邊有一棟兩層樓的建築，結構非常結實，內外皆已完工，各種設施完備，只可惜沒有接上水電，門窗玻璃也被打破，外牆表面雖經海風吹拂，略有褪色，但仍無明顯斑駁現象，可見落成時間相去不遠。我很好奇，所費不貲的小樓房何以空著風吹日曬，未曾好好運用？經查詢得知：該棟建築係警備總部出資所蓋，土地產權屬於漁會，原規劃作為漁港檢管所辦公室，蓋好時適逢警總裁撤，轉型為軍管區兼海巡部，漁港安檢任務也轉移給苗栗縣警察局，因為地上物和土地分屬不同單位，在兵荒馬亂之際，既沒有登錄建帳，也沒有接上水電，形成三不管的閒置狀態。

我覺得這棟花費不少公帑的建築就此閒置，任其逐漸崩壞，非常可惜。此時，為眷探家屬尋找一個鄰近營區，又較舒適空間的意念，重上心頭。我想：這棟樓房如果能稍做整修，恢復其功能，作為指揮部和三二大隊部，以及附近據點官士眷屬的招待所，豈不是美事一樁？於是正式行文通霄漁會，續借港區建物用地，地上物軍管區沒有建帳，協調許久仍不得要領，也就不勞多事了。但最大的問題，是沒水沒電，屋內的家具、鍋碗瓢盆也沒有著落。於是，我找了行政科科長，把門窗玻璃補齊，內牆刷漆，水電與軍線電話，則由近在咫尺的三二大隊部連接過來，至於牀組、沙發組等家具，我說服內人：將家裡目前仍在使用者，汰舊換新，原有者捐

贈給三指部，連同些許鍋碗瓢盆一併打包，派輛小貨車由臺北運來，至此，招待所的功能大致已經完備。

然而，招待所落成不久，個人就離職到戰院受訓了，接任我職務的是同期同學王德鄰上校，他的夫人是基隆市的公務員，且膝下猶虛，據說假期經常前往眷探，就是借住通霄漁港內的眷屬招待所，其他指揮部的同仁眷屬偶爾也會用到。知道該棟建築能發揮它應有的功能，物盡其用，個人感覺十分安慰。小小的用心，讓眷屬們感受到一點點方便和溫馨，不是很好嗎？後來，海巡部隊改編為海巡署後，不知道招待所的近況如何？我們家的那批家具還在嗎？物換星移，滄海桑田，誰知道會流落何方呢！

▲ 作者女兒懿慈、懿寧到爸爸的部隊過年

第四部

海巡周邊有眞情

三六、感恩：海線豐厚的人情

三指部沿線的濱海城鎮，由北至南依序為竹南、後龍、通霄、苑裡、大甲、清水、梧棲、沙鹿、龍井，由臺一號公路縱貫其中（另有一條臺十七號道，但有多個地方中斷，直到近年改拓建為濱海快速道路，才全線貫通），號稱海線。海線的居民，以閩南人佔多數，其次為客家人，民風淳樸、強悍，海派講義氣。當年，家父章歲公暨二哥太平在臺中港經營臺金航線的貨運，我們汶浦黃氏家族早年移居梧棲、清水者眾，且個人任職營長時，也曾擔負自苗栗南勢以迄大肚溪間之海防守備，因此，對於該一地區的風土民情並不陌生。

軍管區司令部兼海巡部，負責後備軍人的編管與服務工作，因此希望基層海巡部隊與地方的後備軍人組織保持良好關係，經常連繫，以獲得相關的協助和支援。後備軍人組織，按照其階層，編有後備軍人研究發展委員、組訓顧問團，以及後備軍人輔導中心等不同編組。研究發展委員、組訓顧問團係由師管區和縣市團管區編管，位於第二線，除了參加團管區舉辦的大型活動，我們接觸的機會不多，接觸較頻繁的是鄉鎮的後備軍人輔導中心，尤其以駐地所在的通霄、苑裡、後龍和清水等地的輔導中心為然。當年這些後備軍人組織很活躍，主其事者都是地方上各行各業的領袖，影響力也很大。此外，各鄉鎮除了由縣市團管區編管的後備軍人輔導中心外，

還有由退伍憲兵同袍所編成的後備憲兵組織，他們的凝聚力很強，對於憲兵部隊尤其照顧有加。總而言之，無論是後備或後憲組織，對於海巡部隊都很友善，在我們接替任務後，提供許多協助和及時的支援，個人迄今仍感激在心，不敢或忘。

海線的鄉親熱情、好客，有相關的重要活動或餐會，都會邀請海巡幹部參加，但因為舉行的時間，大多是在海邊狀況很多的夜間，因此，倘獲邀約，我都會身著軍服，帶一位高勤官（政戰處長為主，視任務狀況，偶爾也會指派副指揮官或參謀主任），提前到場向主人與在場賓客致意，酒過三巡，略為寒暄後，便以任務在身或某地有狀況，先行告退，他們有時會以「黃指揮官又穿老虎皮來了！」開開玩笑，但大多很諒解個人工作的特殊性，不會阻攔我離席。

輔導中心的後備幹部，大多是地方仕紳、意見領袖或公職（民意代表、基層公務員）人員，酒量都不錯，豪邁善飲，唯一例外是通霄鎮長邱紹俊先生，滴酒不沾，以茶代酒敬酒，且相當堅守原則，他說：「我不可以破戒，否則沒完沒了，就會顧此失彼，得罪很多人！」海巡的幹部酒量一般，但參加餐會為博感情，又不能不喝，有些時候酒醉無法全身而退，實屬無奈。偶因應酬時間延宕，深夜歸營而被布建反映到地區或總部，並不少見，屆時就要由指揮官出面澄清，說明係公務所需，由指揮官派遣參加地方的民事活動，有時還需出

具書面報告呢，所幸中巡部或總部的長官，都能理解海巡部隊的難處，並未刁難。然而，我經常在思考：假如是我本人被反映，誰來幫忙申辯說明呢？換到目前的環境，被媒體披露或上網爆料，我們恐怕都已經陷入萬劫不復，不知道要被撤職多少次了，思之憮然。

▲ 三指部同仁懷舊之旅，與通霄、苑裡好友在北平餃子館歡聚。

後備幹部的盛情，有時也令人難以消受。某次我偕政戰處長藍天虹去拜訪清水鎮的輔導中心，蒙中心主任邀請一起午餐，沒有想到，他一聲吆喝，主動來了許多位非常熱情、豪邁的後備幹部，大家就喝開了，頻頻勸酒，藍處長怕我被灌醉了，再三幫助擋酒。歷經奮戰，好不容易找個理由才脫

身。此時，我已經略有醉意，天虹更已滿臉通紅、腳步踉蹌，還好都能不失態的告辭、上車，踏上歸途。但車行通過大甲溪橋時，天虹突然向我報告，要求車子暫停靠到路邊，只見他一個箭步跑到橋欄旁，扶著欄杆乾咳狂吐，久久直不起腰來，此一情景讓我終生難忘，迄今印象依然深刻，軍人以情義相挺，喝酒未必是貪杯。

本部位於通霄鎮，因此與該地區的關係最密切，其次就是鄰近的苑裡鎮。通霄鎮是一個淳樸而親切的小鎮，該鎮以擁有中部地區最大海水浴場聞名，其次是秋茂園、臺鹽精鹽廠，以及位於海水浴場南側的通霄火力發電廠。火力發電廠是通霄小鎮重要的「金主」，每年提供給該鎮的回饋金非常可觀，據說邱鎮長在任某一年度，鎮公所與代表會交惡，預算歷經一年吵吵鬧鬧，除了一般人事和行政支出，其餘科目始終沒有通過，但是靠著發電廠的回饋與支援，鎮務推動居然絲毫不受影響，令人嘖嘖稱奇。海水浴場經營者是國大代表張戊基先生，由其公子張玉成先生實際掌管，出入浴場與其內部的小木屋出租，對海巡官兵皆有優惠，可惜終其任期，我都因為公務繁忙或避嫌，本身暨家人都未曾到訪或住宿該浴場的小木屋。

通霄鎮是濱海城鎮，當年沒有什麼聲色場所，僅有一間名為「樂天地」的老式酒家，位於省道旁邊，老式的紅磚圍牆內，有一棟頗具年代的平房，入夜後，霓虹燈閃耀著粉紅、

鬼魅式的光影，非常顯眼。據當時的通霄分局長田建臺先生戲稱：該酒家陪酒小姐，三個人年齡加起來超過一百歲，顧客大多是地方上老一輩的人去捧場，沒有鬧過事，但屬八大行業，也成為通霄分局巡邏的重點場所。因為目標明顯，人車往返頻繁，且與指揮部近在咫尺，倒是未曾接獲海巡官兵涉足的報告。

　　我在通霄鎮任職一年三個月，除了理髮、到北平餃子館聚餐（由後憲幹部李元鎔先生伉儷所經營），犒賞開會幹部的辛勞，或與後憲主任曾新光先生等幹部聯誼，以及上虎頭山視導訓練中隊（駐地是原日據時代的神社）外，我從未到街上逛逛，直到離職前兩天傍晚，覺得在通霄待了那麼久，街市長什麼樣子都搞不清楚，才穿著體育服獨自在街上轉了一大圈，差點迷路。前幾年本來約了老戰友回通霄懷舊，不意受新冠肺炎疫情影響，一直延宕到今年（2024）三月八日，才達成心願。小鎮因交通日愈便捷，經濟發展快速，市容也有重大改變，某些風景區（如飛牛牧場、虎頭山公園……）也成近年熱門旅遊的勝地，遊客如織，旅館經常一房難求。

三七、防弊：守海防不吃海魚

擔任海防任務，有幾項不成文的規定或禁忌，各據點官兵必須遵守，從老警總時代、陸軍接防到海巡部隊，率皆如此要求。第一條規定是「守海防不吃海魚」，一般人不太能理解，在海邊應該吃海鮮，地利之便，經濟實惠，不准吃海魚不是太矯情了？其原由看似複雜，其實很單純。

眾所皆知，海巡部隊負責海岸管制，協力漁港檢管所站的進出港口安檢，防止走私、偷渡，與漁民的接觸頻繁。漁民極可能為了套交情、求方便，對執勤人員施以小惠，俗話說：「吃人家的嘴軟，拿人家的手短」，欠下人情，往後在執法上便難以拉下臉嚴格要求。遇到守規矩的漁民，僅是為了拉關係，問題比較小，但遇上假捕魚真走私、偷渡的不肖漁船，便可能迫於人情壓力或遭脅迫而不得不放水，此一關鍵時刻，便會因這層關係，而造成查緝的破口，甚至被私梟利用，抓小放大，法治、軍紀雙輸。有人會問：用買的也不可以嗎？答案是「不可以！」問題在於無法明確辨識是部隊自己花錢買的，還是漁民送的？最令人擔心的則是：不肖官兵狐假虎威，假借權勢，對善良的漁民敲詐勒索，藉各種理由強索免費漁貨，或以象徵性的金錢，攔截高檔海鮮，不僅違背國家法律，敗壞軍風紀，且可能破壞濱海地區軍民關係，嚴重損害軍人形象與軍譽。

此外，官兵自行到海堤或港邊垂釣，可能知法犯法，違反海岸管制規定，或產生危安狀況，甚至鬆懈本身的任務。是以，守海防不吃海魚，變成一項不成文的規定，是各級部隊督導的重點。

▲ 海巡部隊軍犬士訓練軍犬超越障礙物（資料來源：軍聞社）

三八、道義：守海防不吃狗肉

　　早年國民政府退守臺澎金馬，因為物資缺乏，軍中的伙食不佳，基於補充「蛋白質」的需求，且盛傳狗肉可以滋補驅寒，加以當年隨軍來臺、擅長處理狗肉的大陸老兵並未退光，因此，基層野戰部隊吃狗肉（一般稱之為「香肉」）是非常普遍的現象，尤其是廣東人居多的部隊為然。少數高階長官喜歡吃狗肉，「嗜」名在外，也不是什麼秘密，有人甚至被部下暱稱為「狗肉將軍」，仍不以為忤。根據筆者所知，因為供需的關係，早年部分部隊駐地附近都有一些名聞遐邇的香肉名店，譬如：鳳山的王生明路、中壢龍崗、桃園下湖公西、臺北秀朗橋下、金門山外健華，屏東里港菜市場……等地，因為料理專業而美味，吸引諸多喜好此味的老饕光臨。某些部隊也以烹調美味「狗肉全餐」著稱，且用以宴請「特殊」的賓客。

　　我在基層時，入境隨俗，也吃過狗肉。尤其擔任官校學生部隊連長時，連上的資深連士官長劉樹彬先生，是廣東人，單身且長期住校，烹飪技術一流，特別是煲湯、熬魚粥和處理香肉，更為專擅。他唯一的嗜好，就是自掏腰包煮東西分享連上的官生，此期間，個人有口福品嘗過他所料理的諸多廣式美味，包含香味四溢的狗肉，迄今猶感齒頰留香，難以忘懷。

187

嗣後，我任職營長接替海防任務，自覺狗對據點巡邏、警戒的重要性，認為狗是官兵最忠誠的工作伙伴，立誓從此不再吃狗肉，也要求各部隊不得殺狗、吃狗肉。到了海巡，為了防止班哨殺狗，且避免據點內狗兒的數量劇增，造成本身餵養的負擔，以及管理上的困難，乃對土犬的管理做了一些較為具體的規定。首先是第二線部隊（指揮部、大隊部）不得養狗，第一線部隊在數量上，必須有所限制，每個班哨除軍犬外，土犬不得超過三隻（含），母犬必須有計畫實施結紮，以控制數量。其次是犬隻品種的選擇，以中大型、性情兇猛足以協勤者為主（如狼犬、柴犬、秋田、哈士奇和臺灣土犬……等），嚴禁圈養無法協勤的小型寵物犬，如狐狸狗、貴賓狗等，海邊養狗是任務所需，不是為了個人玩賞。（個人曾在督導時，查獲電廠南（三三二）中隊長艾上尉私下養了一隻貴賓犬，立即要求其送回家。）

對於犬隻的管理與運用，也做了一些規劃和指導，基本原則是讓狗兒養成晝伏夜出的習慣，亦即晝間關在犬舍休息、睡覺（夏天置於陰涼處，冬天則放在較暖和處，上覆黑布，使無法辨別晝夜），入夜後放出，由步巡帶往巡邏，或繫綁在容易走私偷渡的進出路。（繫綁的方式：在路口或哨所附近拉一條長繩索，狗鍊末端裝有活動鋼環，得以在繩索兩端點之間游走，保有較大活動監控警覺範圍，犬隻又不至於逸失）軍犬有專人照顧、陪訓，定期到后里軍犬中心回訓、測

考，用不著指揮部操心。為使土犬發揮作用，我要求各班哨指定固定的士官兵負責訓練、照料。

當時據點土犬的來源，非常多元。有原陸軍海防部隊交接下來、哨所自行繁殖、官兵家中或親朋好友棄養轉贈，以及附近民眾贈送等等。譬如：三三大隊三三二中隊的渡船頭班哨，哨長張少尉是臺大畢業的高材生，為人謙和，彬彬有禮，社區敦親睦鄰工作很有成效，哨所附近的老夫婦即以一對威猛的洛威拿名犬相贈，成為鎮哨之寶，非哨所的官兵很難靠近，對於哨所的夜巡與監控，發揮很大的作用。此外，我的連襟謝先生飼養一隻純種德國狼犬，因為長大後，食量日增，照料困難，不勝負荷，且家有幼童，唯恐受到驚嚇或咬傷，乃委託我帶往海邊送予重點班哨，作為警戒犬之用，截至我離職後，那隻狼犬依然在為海岸巡防效命，相信哨所的弟兄們應該會予以善待吧。

狗是人類最忠誠的朋友，中國自古以來，即有諸多與狗有關的文學作品，譬如《聊齋誌異》中，義犬的壯舉，唐朝詩人劉長卿的「柴門聞犬吠，風雪夜歸人」、賈島：「此行無弟子，白犬自相隨」等詩句，說明犬隻不離不棄，緊緊守候和追隨的忠誠。一般人將狗當成寵物，甚至稱之為「毛小孩」，寵愛勝過親人朋友。但在海巡官兵心目中，狗卻是最忠實可靠的工作夥伴，值得我們愛護與尊重，「守海防不吃狗肉」僅是最基本的道義。

三九、民俗：媽祖出巡，官兵茹素

　　臺灣沿海地區早年都是以捕魚維生，為了海上作業安全，各鄉鎮，甚至偏遠的漁村，幾乎都建有供奉媽祖的廟宇，在三指部責任地境內也不例外，其中名氣最大，且名聞遐邇的，是大甲的鎮瀾宮、通霄白沙屯的拱天宮，以及竹南后厝的龍鳳宮（俗稱后厝媽祖廟）。這三座媽祖廟，歷史悠久，香火鼎盛，都擁有廣大的信眾。這三座廟宇每年農曆二月底至三月初，都有徒步前往新港奉天宮或北港朝天宮等地遶境進香的活動，前兩者（鎮瀾宮、拱天宮）的民俗活動，更是海線年度的宗教盛事。

　　大甲鎮瀾宮位於大甲鎮市街，始建於清雍正十年（1732），於同年竣工。乾隆三十五年（1770）改建，名曰「天后宮」。乾隆五十二年（1787）重建，以天后媽祖能鎮海安瀾，保佑漁民，改稱鎮瀾宮。該廟是臺灣媽祖信仰的代表廟宇之一。每年的大甲媽祖遶境進香，是臺灣民間信仰中最受矚目、轟動的大事之一，並且被列為中華民國無形文化資產民俗

▲ 臺中市大甲區信仰中心鎮瀾宮

類重要民俗。其遶境進香的時間在三月上旬左右，遶境隊伍跨越臺灣中部沿海四縣市：臺中市、彰化縣、雲林縣、嘉義縣，二十一個鄉鎮市區，近百座廟宇，跋涉三百四十餘公里，歷時九天八夜，每次起駕和回鑾典禮，萬人空巷，人群從鎮瀾宮擠到大甲溪橋頭，許多重量級的政治人物搶著扶鑾轎，顯示其接地氣，希望拉攏廣大信徒。

媽祖聖誕及遶境期間，附近大甲、大安、清水、梧棲鄉親都茹素，各菜市場禁屠，暫停出售肉類食品，鄉鎮公所暨廟宇也會通知地區內的駐軍，希望我們配合茹素，以獲得媽祖婆的庇佑。此期間，位於該地境內的三三大隊暨三二大隊的三二四中隊，都會配合辦理。此外，個人巡視部隊路過鎮瀾宮，通常也會下車登殿虔誠膜拜，為官兵祈福。

白沙屯的媽祖廟，位於通霄鎮白沙老街上，在清朝咸豐晚期即已有之，同治二年（1863）村民集資建成，名曰拱天宮，成為地方信仰中心。日據時期（1930）改建，規模日漸宏偉。白沙屯媽祖巡境進香，頗有其本身的特色，其儀式雖然也是眾信徒及工作人員以徒步方式縱跨苗栗縣、臺中（縣）市、彰化縣、雲林縣等海線地區，前往北港朝天宮進香。但與大甲鎮瀾宮不同的是：拱天宮媽祖進香，每年的日期、天數、路線皆不固定，信徒宣稱皆由媽祖決定指引，變化莫測，其進路甚至可能徒涉橫渡大安溪、大甲溪、大肚溪、濁水溪的河床，歷年以來，發生很多不可思議、堪稱靈異的傳奇故

事，整個過程極具神秘色彩和挑戰性。

　　該廟距離白沙三二一中隊部近在咫尺，是白沙據點與鄰哨山邊班哨通往省一號公路的必經之地，這兩個據點的弟兄，在初一、十五都會到廟裡拜拜，懇求媽祖婆的庇佑，我在督導部隊後，通常也會下車前往捻香致敬，一則祈求國泰民安，再則懇請保佑沿線各哨弟兄們平安健康，心誠則靈，互個人任內，白沙中隊狀況平順，沒有大的問題，倒是中隊長胡上尉個性較耿直，曾全副武裝帶手槍機巡時，路過白沙屯，引發當地少數青少年不滿，而與村落居民發生口角爭執，麻煩大隊輔導長前往疏通，往後倒也相安無事。至於白沙屯媽祖出巡進香期間，是否有通知部隊配合茹素，時遠已不復記憶。

　　竹南后厝龍鳳宮（媽祖廟）始建於清道光十六年（1836），迄今已有三百餘年歷史。日據昭和八年（1933）、民國五十九年（1970）擴建。該廟以後殿三樓塑有一百三十六臺尺的媽祖雕像聞名，因位置高聳、明顯，在海邊遠遠即可瞻仰（現在經過中二高也可以看見）。崎頂中隊的官兵偶往朝拜，祈求保祐弟兄平安。因為該廟距離指揮部、大隊部較遠，有何特殊的儀典活動，或要求崎頂中隊配合，未曾聽到相關幹部回報，不得其詳。

四十、困境：不同性質單位混編的窘境

我們被移編到海巡，官兵面對不可知的未來，內心其實頗為忐忑不安。因為軍管區司令部與海巡司令部，是兩塊招牌一個單位，其前身是赫赫有名的警備總部，在國內治安（保防安全）的業務卸除後，以後備軍人的組訓、服務、動員為主要的任務，也就是團管區系統才是其組織最核心的骨幹，至於海防任務，即使軍管區在老警總時代曾主管過，並不陌生，但該一工作交接給陸軍和陸戰隊多年，且國內外的局勢和警總本身的編制，較諸往昔也有著重大變遷，加以此次移編的部隊，與早年以資深士官為主力的組織型態，有非常大的差異。是以地區與總部的主管和幕僚，對於當前的海巡任務、性質是否瞭解？會不會認為海巡部隊的納編，只是徒增其工作負擔而已，根本毫無一點好處。

海巡納編的部隊，包含陸軍、憲兵和後備本身等不同單位，軍兵種特性與傳統存有諸多差異，性質完全不同的單位混在一起，其領導和管理問題頗多。即使不考慮海巡基層本身組成的問題，海巡與團管區系統就相去甚遠。團管區編制人數較少，日常工作以業務為主，即使是後備動員營，也只是基幹編組（記得正式編制只有營連主官，其他官兵皆需仰賴動員），並無實兵，是以任務較單純，狀況不多。相對的，海巡部隊人數眾多，且遍撒在綿長的海岸線上，姑且不論層

出不窮的海上走私偷渡狀況，光是自身的軍紀安全和吃喝拉撒睡等問題，就足以讓人傷透腦筋。業務機關與實兵部隊兩種性質迥然不同的單位放在一起，不僅任務的遂行輒生扞格，勞逸不均產生不平，且地區司令部以上層級，在對這兩種不同類型單位的管理、領導統御和後勤支援，勢必產生諸多問題。或許上級長官並未查覺，但個人置身其中，感受特別深刻。

同場開會，兩樣心情

　　首先是地區級以上的主官（管）工作會報或檢討會，無論是基於節約時間或統合需求，團管區與海巡幹部共聚一堂開會。由於單位任務、部隊規模和發生狀況的數量，各幕僚單位的報告，絕大部分的內容，都是針對著海巡部隊，與團管區相關者寥寥無幾。而以海巡任務之複雜，人事、情報、戰備訓練、查緝勤務和後勤支援等日常事務，狀況之多，報告的內容，當然是檢討缺失者多，表揚優點者少。可能是恨鐵不成鋼，抑或處室自保、軍種隔閡，遣字用詞有時難免過於激越，讓被提報的單位主官非常難堪。是以，整個會場，無論通案報告或專案檢討，但見眾家海巡幹部如坐針氈，甚至面紅耳赤、羞愧難當。三指部是海巡部隊的優等生，仍時常難以逃脫被修理，何況其他狀況較多的指揮部。反觀各團管區司令，則因大部分報告與己無關，聽來甚感無趣，甚至

抱著旁觀看戲的態度，百無聊賴，不是冷眼旁觀、老僧入定，就是閉眼打盹，一樣會議兩樣情，讓人頗有感觸。現在海巡已經獨立了，但岸巡與洋巡性質，畢竟相去甚遠，類似的情況是否改善，讓人關切。

高高在上的督導

其次是上級督導問題，海巡部隊作息晝夜顛倒，大部份的官兵上午是補休時間，下午才正常操課，因此，總部三令五申避免在上午干擾基層部隊。然而部分幕僚單位可能因為本身的任務重疊或時間考量，也可能年節輪值到海邊督導，心情不佳，根本不遵守此一規定。他們的說詞是：「督導照做、部隊就正常補休啊，我們又不干擾你們睡覺，有什麼好抗議的。」但內行人都知道那是空話，為了怕得罪這些單位，將來會有後遺症，大多選擇默默承受，息事寧人。

我印象最深刻的有幾次，一次是在通霄灣中隊，中隊長是憲兵上尉許坤。當天是端午節，中隊部辦理端節軍民聯誼餐會，邀請當地的鄰里長、漁會幹部、後憲退伍袍澤和檢管所的警員等睦鄰對象，齊聚一堂同歡，也表示感謝之意。總部的重點時間督導小組一行三人，在上午已經到班哨督導，午間轉來中隊部，中隊長盛情邀請一起用餐後再測考，但渠等拒絕並堅持飯前實施戰備督考，我暨大隊長接獲報告後，即時前往（指揮部距該中隊部僅幾分鐘車程），協調甚久，

才蒙同意先看大隊部再回頭督導中隊部，然而此時獲邀的客人自覺沒趣，紛紛告辭離去，海巡幹部的顏面盡失，亦可知當年總部部份幕僚的心態，對海巡部隊之不尊重。

另有一次，總部某中校督導官突然在午休時間，出現在通霄指揮部，對戰情和機動班實施戰備督考，戰情官向我回報，我出面瞭解狀況，並告以：我不反對他的督考，但禮貌上，上級督導官抵達部隊，理當先照會營區最高指揮官，且在時間的選擇上可否再予斟酌，畢竟海巡二線部隊夜間另有任務，午休至為重要。不意其態度非常倨傲，堅持其本身代表司令，不必照會單位主官即可以隨機測驗，若不同意受檢，其督導報告將據實填寫單位拒絕受檢。我現場指示陪檢的幹部，業務可立即受檢，機動班在午休後才接受測驗，有事我負責。此案的督導紀錄如何寫，時遠記憶模糊，但實在氣不過，我打了一通電話到總部的作戰處作二組抗議。我想身為上校主官尚且如此不受尊重，其他各下級部隊之待遇可知矣！

中巡部因為湯司令的嚴格要求，且對基層部隊的辛勞知之甚深，愛護有加，各處室派遣之督導官中規中矩，倒是未曾發現類似的情況。

不食人間煙火的究責

再則是部隊狀況掌握與處理的問題。民國八十二年六月，苗、中地區接連豪雨不斷，加以適逢大潮，雨水無法渲

看海的日子：寫我海巡弟兄們

洩，造成多處地勢低窪的第一線據點嚴重淹水，其中尤以臺中北汕、苗栗通霄灣和後龍灣瓦等幾個據點最為嚴重，因為積水來得又快又急，各據點急忙搶救各項武器裝備、設施，在弟兄們共同努力下，所有武器裝備概能獲得保全，未遭任何傷損。只有北汕中隊部儲存在低窪處的補給庫房，有兩綑棉被胎搶運不及而淹到水，當天恰好是總部政戰部副主任張垚將軍帶隊到中部做年終視導，聽說苗中地區發生水患，乃專程來到大安，涉水進入北汕據點慰問，親眼目睹相關狀況，對據點指揮官的處置甚表肯定。但事後總部相關單位要求中巡部：以該哨搶救不力，檢討懲處失職人員，並將人令呈報備查。個人深入狀況並檢討後，認為據點指揮官並無重大疏失，且在兼顧監控任務不至出現間隙的狀況下，已經盡了最大努力，不宜懲罰，經再三溝通申訴，唯仍不被接受，且限期呈報檢討報告與懲處人令。個人內心甚感不平，乃在檢討報告後面書寫「指揮官無德無能招惹天災，督導不周，自請處分」，電傳中巡部層轉。事為地區副司令商景全將軍知悉，來電關切，並勸勉：「老弟！你將來是要做大事的人，不要意氣用事啊。」該案後續如何簽結，時遠不復記憶，但商副司令的訓勉：「小不忍，則亂大謀」，個人在往後的軍旅生涯，始終銘記在心，不敢或忘。

　　軍隊之事，繁瑣龐雜，基層部隊在執行任務時，往往有其本身無法克服的困難，上級指揮機構應該接地氣，深入瞭

解狀況，其指導和處置才能讓人心服口服。這件事令人感慨的是：某些幕僚坐在辦公室做決策，堅持本位，不能深入基層瞭解實況，不食人間煙火的研判，無法給主官（管）正確的資訊，造成下達錯誤決心、做出讓基層部隊不服的處置，硬幹蠻幹，正是造成官兵離心離德的主因啊！

本案給我的重大啟示是：不同的軍兵種，各有不同的限制與困難，即使相同軍兵種，也會因為任務、部署地域等環境的差異（譬如：臺灣本島與外離島、高山特戰部隊和平地部隊⋯⋯等），遭遇不同的困境和問題，身為上級指揮機構，必須要有正確心態，願意去傾聽基層的意見，瞭解狀況，協助解決問題。

公正而睿智的考績

此外，考績評定的方式與公平性，也是一個問題。眾所周知，軍職幹部的升遷調職，其績分的高低影響甚鉅，而考績在績分的計算，是最重要且關鍵的部分，有志於軍旅發展的官士莫不重視，更何況那是整個年度工作表現的總考評，是各級幹部力爭上游的動力。

軍管區兼海巡部考績作業規定：巡指部指揮官與上校階團管區司令，都是旅級重要軍職，考績納入一起評比，海巡大、中隊長跟後備營、連長屬同一階層，也是一起考評排序。然而這個考評規定最大的盲點，是不瞭解這兩種單位的差異

性，實有天壤之別。其中團管區是業務單位，後備營連長是基幹，平時兼辦管區業務、沒兵沒將，除了教點召和觀摩步兵營測驗等有限的時間外，不必管部隊，正常休假和上下班，且獎勵多懲罰少。而海巡部隊是實兵單位，散駐各地，作息晝夜顛倒，忙於反走私、反偷渡等查緝任務，休假難以正常，官兵的管理問題更是層出不窮，以致獎勵不多，為軍紀安全問題，被連帶懲處倒是家常便飯。此時將兩個位階看似相當，但工作條件與性質迥然有別的主官（管）湊在一起，按績分排序，似乎公平，實則問題很大，毫無懸念，經過分數計算，絕大部分的海巡幹部比序，一定都會列入後段班。渠等在海邊的付出和辛勞，反而成為不可承受之重。

中部地區的年度考績，按照總部的規定作業，完成後逐級呈給司令。果不其然，按統計的獎懲績分，團管區與海巡部隊，形成前後兩個截然不同的群組。湯先生是思維細密且睿智的長官，立即從考績群組的分佈，查覺總部考績辦法並不公平。於是，他指導第一處，要求按海巡──團管區交叉排序（一個海巡幹部，然後一個團管區幹部），兩者皆有前有後，一處處長擔憂如不按績分排序，恐怕團管區的幹部會反彈。據說當時湯先生非常豪氣的說：「團管區那個人不服氣的，就跟海巡對調，到海邊去幹幹看，幹的好，考績就自然往前提升。」當年我的考績，在六個上校階團管區司令、兩個海巡指揮官當中，名列第一，績等是特優，三一大隊長

楊恆忠、三一四中隊長張正賢也分居營連級的第一名。湯司令緊貼基層，瞭解海巡各級幹部的辛勞與努力，其睿智與公正，三指部的幹部感懷至今，不敢或忘。然而，我想假如當年的考評制度，有著更周延而細膩的作法，不必透過人為的補救，應該會讓團管區與海巡的幹部同感信服吧。

▲ 當年《勝利之光》曾出專刊，報導海巡部隊弟兄在海岸線執勤情況（資料來源：軍聞社）

四一、送暖：宋省長慰問海巡部隊

宋楚瑜先生擔任臺灣省省長五年多，勤政愛民，政績斐然。在我三指部指揮官任內，曾有兩次機會見過宋省長。一次是民國八十二年（1993）六月十一日上午，宋省長在司令湯先生、臺中縣長廖了以先生和臺中港務局局長的陪同下，坐著他專用的機動指揮旅行車，到臺中港最北端的溫雅寮班哨慰問部隊。我前一天才趕赴高雄澄清湖畔的長庚醫院，探望病危的大姊，連夜趕路，風塵僕僕於清晨趕回駐地，才剛返抵據點，即接獲大姊逝世的噩耗，但仍然打起精神準備迎迓的各項事宜。

當天早上，湯司令早早就帶著地區的政戰主任、作戰處處長，到了溫雅寮，嗣後帶著我、三三大隊長、三三二中隊長暨據點指揮官在場恭迎。記憶裡的印象，宋省長很客氣，聽完據點的簡報，簡單看了營區的環境與設施，親切垂詢弟兄們的生活狀況，離開前非常大方頒給據點一萬元的加菜金，當年對於一個班級單位，那可是一筆「鉅額的獎金」。

另外一次見到宋省長，則是同一年六月二日通霄「六二水災」淹大水時。記得當天半夜，因為連日豪雨不斷，通霄溪大排坍塌，加上海水漲大潮倒灌，鉅量雨水無法宣洩，以至於通霄鎮市區淹水盈尺，低窪處的建築一樓幾被淹沒，狀

況非常緊急。我們的營區位於海岸邊，除少數據點外，大多遭淹水之苦，唯因各單位警覺性高，受損輕微。於是，指揮部本部中隊、虎頭山的基訓中隊，以及三二大隊部的勤務分隊，即時投入救災的工作。水退後，眼見鎮上滿目瘡痍的災情，個人主動協調通霄鎮公所，調派三三大隊兩個機動中隊，參與災後復原任務，除協助災民清理家園，主要的工作，還是在大型器械協力下，疏濬通霄大排，製作沙包，將坍塌的堤防做緊急填補，防止後續的大水沖刷侵蝕農田或附近的住家。

淹水當日一早八點，宋省長即已抵達通霄鎮勘災，以當年的道路交通狀況，他大概清晨五點多，即已枵腹從中興新村出發，否則是無法在此時抵達這一海線的小鎮。宋先生穿著雨靴涉水進入災區慰問災民，現場指導省府以下單位如何幫助受災戶。嗣後又兩次親臨通霄鎮，視導救災、復原進度，慰勉救災部隊和工作人員。其勤政愛民、關心民瘼，劍及履及的實幹作風，型塑了親民愛民的「宋省長」，所受到的崇敬，歷久不衰。宋省長的風格，這是時下一些口惠而實不至的政客，所難以望其項背的，更別提那位轄區淹大水，她居然還在鼾然睡午覺的市長，恐怕連車尾燈都看不到。

當年宋省長站在通霄橋上，以焦慮關懷的眼神注視著通霄大排搶修工程的身影，以及隨和誠懇與我暨救災軍士官握手，請部隊盡全力幫助受災戶恢復正常生活的謙和姿態，個

看海的日子：寫我海巡弟兄們

人在近三十年後，依然對此印象深刻。這也難怪他多次競選總統，即使明白勝算不大，還是能獲得一群死忠的「宋粉」擁戴，不離不棄。通霄人有情有義，從未忘記宋先生在水災時的恩情，屢次總統大選都力挺宋先生，患難見真情，宋省長如此，通霄鄉親更是如此。惜乎宋先生在政治情勢丕變，後浪推前浪，時不我與之際，退場的身影不夠漂亮，後來在政治上的諸多表現與動作，似乎離當年的形象越來越遠，人設崩壞，原本旺盛的人氣逐漸消散，他手創的親民黨也日益泡沫化。回首其往昔的風光，較諸今日的落寞，讓人不勝唏噓。

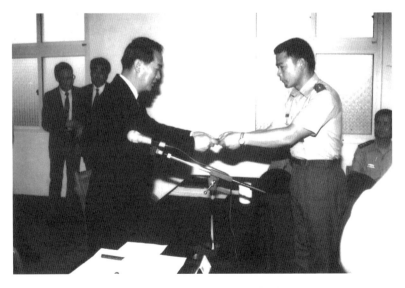

▲ 宋省長楚瑜慰問海巡部隊

四二、警友：奔波在海岸線上的分局長

苗中地區，海岸線平整，灘後地形單純，散布許多中小型漁港，且距離臺一線省道較近，因此，走私偷渡案件頻傳，其中尤以苑裡、通霄一帶，灘岸平緩，與交通幹道僅有數百公尺之遙，是蛇頭最喜歡作案的區域，當然也是我們查緝的重點所在。

我在海岸線巡視的頻率很高，督導時最常遭遇的地方治安首長，無疑是苗栗警察局通霄分局的分局長田建臺先生。且因指揮部與分局近在咫尺，彼此的任務重疊性高，必須密切協調合作，而事實上通霄分局也是苗中地區海線所有情治單位對新編海巡部隊最友善、尊重的單位，這當然與領導者～分局長的觀念和態度有著莫大的關係。

田分局長相貌堂堂，一臉正氣中帶著謙和，為人正派，做事認真，對於地方的政情與治安狀況，瞭若指掌，而且不吝與我分享，讓我在查緝預警情資掌握和研判方面，獲得不少助益。尤其是我們新來乍到，與地方媒體記者發生不少誤會，某些資訊不完整的報導，更遭致上級單位不少的責難。後來借助通霄分局平時經營地方媒體的關係，居中幫忙潤滑和協調，處理一些新聞報導或澄清的問題，間接也拉近了海巡部隊與媒體的關係，直到現在，我們指揮部的重要幹部，

仍然與通苑地區的某些記者（如鄭榮坤先生等人）維持良好的友誼。

民國八十三年春節，田分局長和我都留守，當天一早，他偕夫人帶著一瓶洋酒禮盒到指揮部來拜年，見面相談甚歡。田大嫂談起田分局長歷任警職的一些往事，其中提到田先生擔任屏東縣恆春分局長時，經常薪水不夠用，她覺得很奇怪，經過追問才瞭解實際情況。原因在於恆春分局轄區是有名的風景區，往來遊客如織，親朋好友、警界老長官、老同事，前後期學長、學弟等，前往休閒渡假，順路拜訪敘舊者，不乏其人，送點地方土產意思意思，關係較親近者，餐敘小聚勢所難免，但偏鄉分局是一個窮單位，又受公款法用的限制，區區特支費那裏夠用！最終只有自掏腰包處理。田大嫂話裏似乎有著小小的抱怨，但更多的是對自己先生的有為有守、清廉自持，感到自豪。她這番話，讓我對田分局長更增添幾分敬意。離開海巡後，我一直關心他的動態，據悉他在三十九年的公職生涯中，有三十四年的考績是甲等，幾達百分之九十，的確不容易，也足見其勤勉敬業深受各級長官的肯定。（註：公務員考績僅有50%是甲等以上，50%則為乙等以下，與軍人只要不犯錯、當年獲記嘉獎一次以上，即可敘甲等截然不同，故彌足珍貴）

當然，身為海邊的戰鬥和工作夥伴，我們對於通霄分局偶爾提出的支援需求，也是樂於盡其所能，適時伸出援手的，

其中有一件事最讓我難忘。通霄是苗栗海邊的小鎮，通霄分局在全國的警察單位中，一點都不顯眼，警政署的高級長官很少蒞臨視導。也許是那段期間，在通苑地區海岸的偷渡案件很多，引起情治單位高層的注意，通霄分局突然接獲縣警局通知：警政署長將要親臨分局視導、慰問，那是非常稀罕的安排，可以準備的時間雖短，大致不成問題，唯有外牆的粉刷，因為年關迫近，沒有廠商願意承包。田分局長無奈向我求助，我二話不說、立馬答應全力支援，並且調集全指揮部具備油漆專長的弟兄十餘人，區分三個梯次輪班，日夜趕工，很有效率的在兩天內竣工，順利達成支援任務，投桃報李，相互幫助，理所當然。

　　時隔近三十年，田分局長應該已經退休了，但我仍記得那位為國土安全、地方治安，日夜奔波在通霄、苑裡海岸線上的鬥士。「歲月靜好、地方寧靖」從來不是廉價的產物，而是許許多多無名英雄默默付出的成果，田分局長、三指部可敬的袍澤們，都是那些進不爭功、退不避罪的無名英雄，讓人尊敬！

四三、進修：參加戰爭學院考試

在陸軍移編海巡部的八個指揮官中，我是唯一不具三軍大學戰爭學院畢業學歷的。當時的軍管區兼海巡部參謀長陳鎮湘將軍，是我的老長官，他唯恐移編幹部受到排擠，特別在總部的參謀會報中告訴所有幕僚主管：陸軍移編過來的幹部都很優秀，八位指揮官只有一個沒有戰院學資（又補充：但是只要他要考，就一定考得上），其餘均係戰院畢業，希望大家能給予充分尊重。會後，各單位都在打聽那個沒有戰院學歷的指揮官是誰，這給我頗大壓力，自知唯有更加努力，沒有幹不好的空間。

在軍中要發展，必須學經歷完整，上校階如果沒有戰院學資，未來的前途勢必嚴重受到限制。然而，以海巡部隊任務的龐雜、繁重，晝夜顛倒的作息，絕對不可能有足夠的時間去研讀考試的科目，準備應考的事宜。然而凡事窮則變，變則通，在強烈的動機之下，我仔細規劃了準備考試的各項方式，在不影響正常公務的狀況下，悄悄展開了報考戰院的讀書計劃。

整個計劃的執行，以「織碎布成錦衣」、「涓滴匯成巨流」的長程準備方式進行，用毅力和耐心來打這場屬於自己的「戰爭」。我利用假日或較完整的時間，複習「陸軍作戰

207

要綱」、「孫子兵法」、「四書」和王陽明「傳習錄」⋯⋯等教材和書籍，並摘錄要點於卡片，趁開會前後的空檔和坐車往返的時間，背誦卡片的要點。但海防綿長的兵力部署、高密度的督導要求，畢竟佔去每天大部分的時間，尤其是夜間督導、執行任務，車內外一片漆黑，連卡片都看不成。急中生智，我請駕駛在指揮督導車裝上閱讀燈，並在督導路線上略做調整，自指揮部出發後，先從南、北兩翼最遠的據點看起，然後朝通霄指揮部方向，逐哨內縮看部隊，從通霄到竹南的崎頂或龍井的麗水，車程都概略四十分鐘，此間自然拉出一段完整可用的時間，可以拿著卡片安心的默誦或複習，事實證明「積少成多」的成果頗有可觀，我的軍事準則和國文，就是在黝黑漫長的夜巡裏完成準備的。

當然，這種讀書的方法，也不是不需付出代價的。因為車裝閱讀燈光線微弱，且為避免影響駕駛視線，必須壓低燈架，加上車行顛簸、車速忽快忽慢，眼睛非常吃力，那段期間我的近視和散光度數急劇上升。在部隊時，或許是意志力支撐、工作繁忙轉移注意力，也可能是作息時間都在夜間，對於視力造成的傷害，並不自覺。但在戰院入學後，後遺症就開始出現了，有將近三個月的時間，在強烈陽光下，我的眼睛常會不自覺的流出淚水來，或感覺暈眩，好長一段時間才逐漸調適過來。

當年的戰院考試，採先考後保，不分身分地位，那管皇

看海的日子：寫我海巡弟兄們

親國戚，一律要通過嚴格的考試才能入學，有點像以前的大專聯考，完全沒有關說或作弊的空間。正因為學歷關係軍旅事業的發展，且捨此別無他途，因此競爭非常激烈。在「為用而教」的原則下，各軍種、兵科按部隊員額分配錄取人數。當時地面部隊步兵科（含各種型式的步兵：概有一般步兵、機步、摩步、特戰、警備、海巡、新訓等種類）分配錄取人數最多，但報考人數也是最為龐大，要上榜仍須窮盡洪荒之力，並非易與。

　　戰院考試區分初試和複試兩個階段。地面部隊陸階軍官的初試，由陸軍總司令部辦理，在中壢的士官學校舉行，兩倍錄取，先做第一波的淘汰。初試時，考前我與兩位陸航的同學董劍城、許志陸，借住同學沈光耀中壢的家，沈的夫人姓張，是陸總部的聘僱人員，娘家在金門沙美，是我的小同鄉。他們伉儷二人非常熱忱，給我們諸多的協助。後來為了更接近考場，免去舟車勞頓，應我國中小老同學、六軍團二一砲指部政戰主任施志勝的邀請，住進龍南營區指揮部的接待室，考試有兩天，因為準備還算充分，所以並不緊張，沒有想到放榜時，竟然取得步兵科的榜首，與當年考陸軍學院初試幾乎落榜的慘狀迥異，不同的壓力也陡增。

　　複試在政戰學校辦理，由副參謀總長執行官羅本立上將親自坐鎮督導，筆試場地在政校學員生大餐廳，除了大間隔、大距離的座位安排，密密麻麻的監考官，分佈各處，穿

梭巡視，想作弊絕對被抓。而且從各個角落架上監視器，全程錄影存證，其陣仗之嚇人，讓心存僥倖的人為之膽戰心驚。五千公尺跑步測驗，是繞著政校的校區跑，每個路口都有監考官與交管哨，起跑點、折返點和終點站都架設錄影機，終點且有當年尚不多見的液晶顯示的計時器，整個考試的場地布置、入圍出題閱卷等工作的執行，非常周延，彰顯其拔擢人才的公正、公平性，非常值得所有考生信賴，考上的靠本事，落榜者服氣、寄望明年再來。這場考試，是我軍旅生涯四十餘年最公平、最經得起檢視的掄才測驗。近年以來，深造教育入學甄試辦法迭經改變，某些長官為照顧自己的老部下，設計了很多巧門投機管道，落榜者當然頗多不平和怨懟，某些錄取者，因為甄選過程的公平、公正性，遭到嚴重質疑。因此，即使勉強入學、拿到學歷，完全沒有經過激烈競爭、打過硬仗，終於攀頂的光榮感。我想：一個良善的制度，歷經多年的努力，來之不易，但要摧毀它，只在頃刻之間。

此外，參加複試的筆試，我的座位在第一排的第一個位置，非常顯眼。上午考「步兵師戰術」，先給十五分鐘接合地圖，接著正式考試，要求以六十分鐘時間，根據想定狀況下達決心，並說明下此決心的理由。第一節考完，休息十分鐘，接著在九十分鐘內，須完成一份由「保密區分」到「保密區分」的完整作戰計畫，那次戰術考試的主題是「機動防禦」，對我來說並不困難。記得接地圖時，羅執行官佇立在

看海的日子：寫我海巡弟兄們

我桌前十幾分鐘，環視整個考場。個人從容不迫接完地圖，詳閱想定的狀況，並按照思維理則逐一完成決心文作業。反而是坐我後面的周姓考生，緊張得地圖接連拼錯，無法在時限內接完，當然也壓縮了後面作業的時間。下午兩節考國文和軍事準則，雖然各給九十分鐘的答題時間，但國文含一篇作文，準則的題目，居然多達五十題問答題，且範圍包含教戰總則、國軍軍事思想、陸軍作戰要綱、後勤準則等龐雜內容，熟稔者答題時間都很緊，遑論有非分之想。於是，但見每個考生都低頭振筆疾書，整個考場只聽得到沙沙沙的聲音，其嚴肅緊張的氣氛，迄今仍然印象深刻。

整個考試的最後一個科目，是五千公尺徒手跑步。路線是繞著復興崗校區內的道路跑五圈，經過研究部大樓、木蘭村、學指部、學員隊……等定點，這是我讀政研所碩士班每天跑步的路線，雖然時隔十年，仍頗熟悉，懂得如何去調整呼吸和步伐。中間要經過中正堂後面一段大斜坡，體力稍差者，應該會有些吃力。終點站在中正堂前，很多將級長官跑了一半就跑不動了，足見意志力要靠充沛的體能為基礎，平時沒有持之以恆的訓練，測驗絕對不可能過關的。

考試放榜，個人以步兵科前幾名的成績，非常幸運的被錄取了，於民國八十三年七月一日入學，正式告別一年三個月、艱辛且難忘的海巡歲月。

四四、揮別：告別海巡重返陸軍

我在戰爭學院受訓五十週，軍管區兼海巡司令部部跟我同時入學的，僅有四十三期的賀湘臺學長（憲兵科，原任軍管區司令部情報處副處長，後來跟隨到行政院海巡署，擔任過海巡署岸巡總局長）和四十六期的賀忠文（原任軍管區勤指部指揮官、海巡一指部指揮官，後來在軍管區系統發展）等兩位。在畢業前，我得知總部的「人事假作業」（註：業管幕僚單位預先排定的調職名冊，尚未奉長官核定，有時會先徵詢當事人意願，一般都是自行作業），將我派任嘉義團管區司令，個人認為是項人事作業貶抑海巡幹部（海巡指揮官是旅級重要軍職，與三級團管區司令同位階，但任內指揮數千人，任務繁重，備極辛勞，個人任期內績效不差，考績都是特優，受完戰院，被安排轉向後備系統發展，卻需從位階最低的團管區幹起，代表海巡地位不如後備，我若勉為其難就任，形成慣例，將來所有海巡指揮官都比照辦理，並不公平），自忖個性不合，且據說後備系統對此職務覬覦角逐者眾，個人何必去當擋路的石頭呢？乃萌生回歸陸軍的念頭。

於是，擇期赴博愛營區晉見當時的參謀長吳其樑中將，面報希望返回陸軍系統發展的願望和理由，吳先生是一位隨和且愛護部屬的長官，他耐心聽完我的報告，立即很明確的告訴我：「在這個年班有幾十位陸階的戰院畢業生，但我

看海的日子：寫我海巡弟兄們

們軍管區僅有三位，你如果覺得不適合幹團管區的司令，可以安排到總部來服務。我想司令王先生是不會同意讓你回軍的。」我深感挫折，頓時語塞，只得悻悻然告退。

我想到時任準則會主委的老長官湯先智中將，以前私下閒聊時，曾對於我是否回軍的問題有過討論，他分析：認為陸軍家大業大，發展空間較大，若有機會可以爭取回軍服務。我想此時如果前往求助，說不定可以獲得支持。我興匆匆轉往隔壁棟大樓去晉見湯先生。然而，他瞭解我的來意後，反而一反先前的觀點，認為我在海巡的表現很好，留在海巡、後備系統服務，也會有很好的發展，力勸我留在軍管區。經我再三說明，他才勉強支持我回軍。我一出主委辦公室，湯先生的隨員，老友陳拔峰中校詢問湯先生的態度，我跟他說：司令已經答應讓我回陸軍，他露出一副不可置信的神情，我當時不覺有異，事後才知道湯先生已經奉核高升軍管區暨海巡部參謀長，而且當天下午是總統召見的時間，不日即將生效。

這件事讓我深有所感，我想：湯先生如果極力勸我留在軍管區和海巡系統，為了報答他的拔擢和知遇之恩，我是會留下來的。然而，湯先生是一位表裡如一、說話算數，具有指揮道德的領導者。他瞭解部屬個性和專長，且明白何者是最有利於這個部屬發展領域的長官，雖然惜才，剛剛榮膺新職，也的確需要一批自己信任的幹部，但權衡之下，他做了

最有利部屬而非自身的決定，支持我回陸軍，這是我軍旅生涯一個非常重大的轉折，影響甚鉅。

「好長官是先為部隊著想，為部屬設想，再為自己的用人方便考量。」湯先生這個無私的決定，改變了我人生的方向，也大大影響了我爾後帶兵的原則和態度。從此以後，凡是所屬官士調任高階、高職，甚至較具廣闊發展機會的單位時，個人一律樂觀其成、絕不阻擋，即使我的單位（部隊）正值重大任務期間或對其倚重甚深，也會忍痛玉成，畢竟幹部為國家所有，他們能一展長才，為國家和軍隊負更大的責任才是重點。

畢業前夕，經由戰院同班趙朝廷學長（陸官四十四期）向當時陸軍總部作戰署長張鑄勳將軍推薦，請他幫忙徵調我回陸軍服務，但跨軍種徵調是一個非常繁複的程序，成功的機率不高，何況陸軍本身還有一長串優秀的待派學官呢。雖然趙學長與張將軍關係不同一般（兩位是連襟關係），但當時署長應該是有點猶豫的，在電話裡有一段對話，趙學長說：「大哥！我給您推薦一位本年班很優秀的學官。」張先生回以：「作戰署臥虎藏龍，沒有一位不是陸軍最優秀的軍官。」趙學長並未氣餒，接著又說：「不一樣喔！他是本年班第一名，優秀中的優秀。」嗣後，感謝張將軍的鼎力提拔，不怕麻煩，向李楨林總司令大力爭取，希望調我回軍，加上多位關心我的老長官從旁力推，此外，高升參謀長的湯先生幫忙

美言暗助，我終於如願回到陸軍這個娘家。

陸軍原本幫我預劃的職務，是作戰署第五組主管訓練場地的副組長，個人也以為大勢底定，應該不至於變卦，且預做準備，先行研讀一些訓練場地管理的法規、作業流程等資料。不料，時任陸軍官校校長的老長官馬登鶴中將，由我的老同學，時任專指部指揮官的洪廷舉處得知：我即將由戰爭學院畢業的消息，親自到陸總部，協調敦請張署長割愛，希望將我改派陸官服務，據馬先生親口對我說，他當時很剴切的對張署長提到：「老弟：您的副組長很容易找到適合的人，我的學生部隊指揮官不好挑啊。」張將軍是一位學養均豐、敦厚謙和的長官，對於學長非常尊重，當下立即答應馬校長的要求。這又是我人生的另外一個重要關鍵，讓我可以回到闊別已久的母校充電，重沐黃埔的精神洗禮，並且得以親近許許多多陸軍未來的後起之秀，享有「得天下英才而教之」的喜悅。人生沒有劇本，但我相信所有的安排都是最好的，個人從陸軍移編海巡，再由海巡重新回到陸軍，有此機遇者並不多見，值得感恩和惜福。

自此，我正式告別了海巡部隊，告別那一段既艱困又讓人難以忘懷的歲月。但昔日海邊上那些人、那些事、那段海岸線，將永遠銘刻在我生命的圖版上，直到永遠，永遠……。

四五、後記：海巡弟兄永在我心

民國一○八年（2019）海巡三指部的年度聚會，十月三十一日晚間在台北「阿金臺菜海鮮餐廳」舉行，承蒙湯司令百忙中撥冗蒞臨指導，老戰友藍天虹、李文鎮、陳金農、吳重河、林達雄、沈坤宗伉儷、曾逸仁分從雲林、南投、金門各地趕來參加。張正賢（原三三四中隊長，現為某大保險公司的分區主管）雖因公南下高雄，也及時趕回向湯先生致意，並問候所有當年在海邊同甘共苦的夥伴。

患難中培養的感情，歷久彌堅，原相約翌年（2020）六月在苗栗通霄原駐地的飛牛牧場聚會，嗣因「新冠肺炎病毒」（COVID-19）疫情擴散而延期，至為可惜。歷經三年的等待，新冠肺炎的疫情終於減緩，去年（2023）我們在臺北的「北海漁村餐廳」再次聚會，主要的幹部大致到齊，尤其是醫務所主任毛仲夷遠從屏東北上，曾逸仁教授專程由金門趕來，長庚的柯博仁醫師，也暫時放下繁忙的診療工作，參與盛會，盛情可感。最難得的是我們尊敬的湯司令，也在百忙之中，撥冗親臨指導，讓大夥既感榮幸又開心。歲月如梭，我們都會逐漸老去，但濃郁的革命感情會歷久彌堅，跟上述的故事一樣，傳諸永久！

網路上常見友人傳來問候小卡，我記得有張小卡寫著：

看海的日子：寫我海巡弟兄們

「好的風景在路上，好的朋友在心上。」提醒我們多出門走走，多與好友相聯繫。我與海巡弟兄們共同度過那段看海的日子，彼此之間有著堅實的革命感情，相信我們人生路上的美麗風景「海巡歲月」必定少不了，此生最珍貴的好友「海巡弟兄們」也必定站在前頭。唐朝大詩人白居易《贈夢得》詩云：「前日君家飲，昨日王家宴，今日過我廬，三日三會面。當歌聊自放，對酒交相勸。為我盡一杯，與君發三願。一願世清平，二願身強健，三願臨老頭，數與君相見。」

我也要發願祝福我的海巡弟兄們：

一願世清平，二願身強健，三願與君常相見。

▲ 三指部同袍年度聚會與司令湯中將合照

國家圖書館出版品預行編目資料

看海的日子：寫我海巡弟兄們 / 黃奕炳著 . -- 初版 . --
臺北市：博客思出版事業網，2024.05
面； 公分 . -- (現代散文；21)
ISBN 978-986-0762-82-2(平裝)
1.CST: 黃奕炳 2.CST: 回憶錄

783.3886   113003895

現代散文 21

看海的日子：寫我海巡弟兄們

作　　者：黃奕炳
主　　編：盧瑞容
編　　輯：楊容容
美　　編：楊容容
校　　對：王素真 沈彥伶 古佳雯 楊容容
封面設計：陳勁宏
出　　版：博客思出版事業網
地　　址：臺北市中正區重慶南路 1 段 121 號 8 樓之 14
電　　話：(02) 2331-1675 或 (02) 2331-1691
傳　　真：(02) 2382-6225
E - MAIL ：books5w@gmail.com 或 books5w@yahoo.com.tw
網路書店：http://5w.com.tw/
　　　　　https://www.pcstore.com.tw/yesbooks/
　　　　　https://shopee.tw/books5w
　　　　　博客來網路書店、博客思網路書店
　　　　　三民書局、金石堂書店
經　　銷：聯合發行股份有限公司
電　　話：(02) 2917-8022　　傳真：(02) 2915-7212
劃撥戶名：蘭臺出版社　　　　帳號：18995335
香港代理：香港聯合零售有限公司
電　　話：(852) 2150-2100　　傳真：(852) 2356-0735
出版日期：2024 年 5 月 初版
定　　價：新臺幣 300 元整（平裝）
ISBN：978-986-0762-82-2